W0337604

JAMAIS RENONCER

LE VENDÉE GLOBE QUI DÉJOUA TOUS LES PRONOSTICS

Alexandre Chenet
SCÉNARIO

Renaud Garreta
DESSIN

Sébastien Bouët
COULEUR

VENDÉE GLOBE
LES SABLES D'OLONNE

DARGAUD

Les textes de cet album sont construits à partir des vacations radios interprétées, remontées, entrelacées, du Vendée Globe 2020-2021, ainsi que d'entretiens réalisés par les auteurs.
Ils ne peuvent que rarement être attribués à une skippeuse ou un skippeur en particulier, ils sont le plus souvent le fruit de propos de plusieurs marins.

* CHARLIE DALIN

* YANNICK BESTAVEN

ÇA VA SE JOUER À MOINS DE 30 MIN...
SUR UN TOUR DU MONDE, 80 JOURS, SEUL, PLUS DE 45 000 KM...
IL A LE BON ANGLE DE VENT ET ÇA FORCIT. IL DEVRAIT RÉCUPÉRER UN PEU PLUS D'ÉCART SUR **CHARLIE**.

MATIN DU 27 JANVIER 2021.

ET LOUIS BURTON ?
IL SERA DEUXIÈME SUR LA LIGNE. À MOINS D'UN ACCIDENT.
SI PRÈS DU BUT ?
Bureau Vallée

TU TOUCHES UNE BILLE DE BOIS, UN CONTAINER OU UN BATEAU DE PÊCHE... TANT QUE T'ES PAS ARRIVÉ, T'ES PAS ARRIVÉ.
MAIS INVERSEMENT, QUAND IL Y A UN MOIS IL S'EST ARRÊTÉ SOUS LE VENT DE L'ÎLE MACQUARIE, AU LARGE DE LA NOUVELLE-ZÉLANDE, POUR RAFISTOLER LE HAUT DE SA GRAND-VOILE EN TÊTE DE MÂT, ON L'AURAIT PAS DONNÉ À JOUER LE PODIUM.
ET JEAN LE CAM EN 4e POSITION, AVEC UN BATEAU DE 2007 À DÉRIVES DROITES.
JEAN LE CAM
C'EST CETTE MÉTÉO ATYPIQUE. PERSONNE POUVAIT PRÉVOIR...
Medaili
PIP HARE
ET POURTANT, LA BASE D'UN TOUR DU MONDE, C'EST BIEN L'IMPRÉVU.
ARNAUD BOISSIÈRES
ILS SONT À COMBIEN DE L'ARRIVÉE MAINTENANT ?
INCROYABLE ÉDITION 2020-2021 DU VENDÉE GLOBE. À QUELQUES HEURES DU DÉNOUEMENT, 5 BATEAUX FONDENT SUR LES SABLES D'OLONNE. ET NOUS NOUS RETROUVONS LES YEUX RIVÉS SUR LES CARTES À SUIVRE LEUR PROGRESSION, À COMMENTER LA MÉTÉO, À SUPPUTER L'ÉTAT DES BATEAUX ET LA FATIGUE DES MARINS. TOUT EST ENCORE POSSIBLE TANT TOUT L'A ÉTÉ DEPUIS LE DÉBUT DE LA COURSE, 80 JOURS AUPARAVANT.

LES SKIPPEUSES ET LES SKIPPEURS SAVENT QUE MÊME SI TOUT A ÉTÉ CALCULÉ, PRÉPARÉ, RÉPÉTÉ, CHAQUE PHASE DE LEUR VOYAGE SERA COMPLEXE.

LA PREMIÈRE PORTION DE LA COURSE EMMÈNERA LA FLOTTE DES CÔTES FRANÇAISES À, GROSSO MODO, LA LATITUDE DU BRÉSIL, LÀ OÙ "DESCENDENT" FRÉQUEMMENT NOS MARINS, EN COURSE, LORS DES ROUTE DU RHUM, JACQUES-VABRE ET AUTRES MINI-TRANSATS. UN PARCOURS "DE CHAUFFE", OÙ IL FAUDRA SE METTRE DANS LE RYTHME, QUITTER L'ÉTAT DE TERRIEN, ESQUIVER LES CARGOS, BATEAUX DE PÊCHE ET PUDIQUES "OBJETS FLOTTANTS NON IDENTIFIÉS"...

* POUR LES BÉNÉFICIAIRES DE RÉSIDENCES SECONDAIRES, MAISONS AVEC JARDIN ET AUTRES HAPPY FEW, CETTE PHRASE NE PEUT ÊTRE COMPRISE, VEUILLEZ NOUS EN EXCUSER.

EN AVANT DONC POUR CETTE MISE EN ORBITE, CAR UNE FOIS PASSÉES CES MERS "CONNUES", BIENVENUE DANS LES AMBIANCES FROIDES, CE SERA L'INCONNU. UNE BONNE PART DE LA TRENTAINE DE MARINS ENTRERA POUR LA PREMIÈRE FOIS DANS "LES MERS DU SUD", AVEC CET ENCHAÎNEMENT : SUD DE L'ATLANTIQUE SUD, OCÉAN INDIEN, SUD DE L'OCÉAN PACIFIQUE. UNE FOIS LE CAP HORN VIRÉ, AU BOUT DE CE LONG TUNNEL, RETOUR DANS L'ATLANTIQUE, DIRECTION LA MAISON. ET POURTANT, C'EST LÀ QUE SOUVENT TOUT SE JOUE. BATEAUX ÉPUISÉS, MER COURTE ET VENT DANS LE NEZ, SKIPPEUSES ET SKIPPEURS FATIGUÉS ALORS QUE LA STRATÉGIE ET L'ANALYSE MÉTÉO NE SONT JAMAIS AUSSI PRÉPONDÉRANTES QUE DURANT CETTE LONGUE REMONTÉE.

CELA FAISAIT 4 ANS QUE LA PRESSION MONTAIT, CAR BIEN DES CHOSES ÉVOLUAIENT DANS LE MONDE DE LA VOILE DEPUIS LA DERNIÈRE ÉDITION DU VENDÉE GLOBE EN 2016.
ARKEA
LES FOILS ÉTAIENT APPARUS SUR LES FLANCS DES MONOCOQUES, CES SORTES D'AILES QUI ONT POUR BUT DE SORTIR LA COQUE DE L'EAU, ATTÉNUANT AINSI LES FROTTEMENTS AVEC L'ÉLÉMENT LIQUIDE. EN 2016, ILS ÉQUIPAIENT DÉJÀ LES NOUVEAUX BATEAUX, MAIS AUCUN ARCHITECTE N'AVAIT ENCORE OSÉ Y ALLER À FOND. LES FOILS N'ÉTAIENT ALORS QU'UN "ADDITIF".
VIVONS FORT
CHARAL
EN CETTE ÉDITION 2020, LE PARADIGME S'ÉTAIT INVERSÉ : LES NOUVEAUX BATEAUX ÉTAIENT CONSTRUITS AUTOUR DES FOILS. ET SI LES POINTES DE VITESSE IMPRESSIONNAIENT, QU'EN SERAIT-IL SUR LE TEMPS D'UN TOUR DU MONDE ? QUELLE MOYENNE PERMETTRAIENT-ILS VRAIMENT ? TIENDRAIENT-ILS LES EFFORTS QU'ILS SUBIRAIENT DURANT 70 JOURS ? 2020 S'ANNONÇAIT COMME L'AVÈNEMENT DE CETTE RÉVOLUTION TECHNOLOGIQUE.

ALEX THOMSON

CRACK !
!
NON!
AU 3e JOUR DE COURSE, JÉRÉMIE BEYOU EST EN FÂCHEUSE POSTURE. UNE PIÈCE A CASSÉ ET A ARRACHÉ UN BOUT DE CLOISON EN ENVOYANT DU CARBONE UN PEU PARTOUT QUI, COMME DES CARREAUX D'ARBALÈTE, EST ALLÉ FRAGILISER D'AUTRES PIÈCES.
AH MAIS NON!
NOM DE NOM!
ÇA VA LÀ OU ON EN JETTE ENCORE ?
EST-CE RÉPARABLE EN MER ? SEUL ? NON. CONCLUSION...
UN ENCHAÎNEMENT DE CASSES QUI DEVIENT VITE INGÉRABLE. RETOUR AUX SABLES D'OLONNE, SEUL PORT OÙ L'ON A LE DROIT DE REVENIR RÉPARER PENDANT LES 10 PREMIERS JOURS DE COURSE.

MAIS NE NOUS Y TROMPONS PAS, POUR UN OU UNE MARIN LAMBDA – METTONS L'UN DES DEUX AUTEURS DE CET ALBUM –, CE GENRE D'ACCIDENT SE SERAIT SOLDÉ PAR UN MÂT DANS L'EAU, BRISÉ, LES VOILES À LA BAILLE, DÉCHIRÉES, LE TOUT TIRANT LE BATEAU À LA GÎTE… À LA GÎTE… À LA GÎTE… NOUS NOUS SERIONS CERTAINEMENT RETROUVÉS SUR LE TOIT. ON PEUT DONC APPRÉCIER ICI L'HABILETÉ DU **BEYOU**.

* VOIR LE PANACHE DE SON ARRIVÉE DE LA ROUTE DU RHUM 2018. ** CHERCHEZ "MAST WALK" SUR INTERNET.

(DANS LA RÉALITÉ, **CHARLIE DALIN** – À GAUCHE SUR L'IMAGE – ET **THOMAS RUYANT** – À DROITE – N'ÉTAIENT PAS À VUE À CE MOMENT DE LA COURSE, MAIS ACCORDONS-NOUS CETTE ALLÉGORIE MARITIME. ILS SONT LES DEUX, EN TÊTE DE FLOTTE, À AVOIR CONTOURNÉ THETA.)

TOUTEFOIS, UN ESPRIT DE SPORTIF DE COMPÉTITION ENVISAGERA LA LIGNE DROITE ET IRA TAPER THETA AU CŒUR. À CE PRIX, C'EST ALEX THOMSON QUI S'Y COLLE BIEN SÛR. FIDÈLE À SON SAVOIR-FAIRE ET À SA LÉGENDE.
NOKIA
YES! IT'S NICE.
DEBOUT SUR NOS CANAPÉS, ON HURLE "ALEX ! ALEX ! ALEX !" EN LE VOYANT SORTIR EN TÊTE DE L'ÉBULLITION ATLANTIQUE. THETA EST AMADOUÉE, LES VITESSES S'AFFOLENT ! ÇA Y EST, LE VENDÉE GLOBE EST PLIÉ, THOMSON VA FAIRE UN LONG CAVALIER SEUL AUTOUR DE LA PLANÈTE.
VERY WELL...
EVERYTHING'S FINE.
TOUT À FAIT VERY WELL...
... QUAND SOUDAINEMENT... LE FLAMBANT BATEAU DE CARBONE SE MUE EN PÉTROLETTE.
LE BATEAU A SUBI DE NOMBREUX DÉGÂTS STRUCTURELS. LE NAVIGATEUR ANGLAIS S'Y ATTENDAIT ET AVAIT EMBARQUÉ DE NOMBREUSES PLAQUES DE CARBONE EN VUE DE RÉPARATIONS.
ÇA VA TENIR...
MAIS L'ADDITION EST TROP SALÉE, L'ÉPONGE EST JETÉE, L'AUTRE GRAND FAVORI QUITTE LA COURSE AU MILIEU DE L'ATLANTIQUE SUD.
... OR NOT.
ÇA VA..

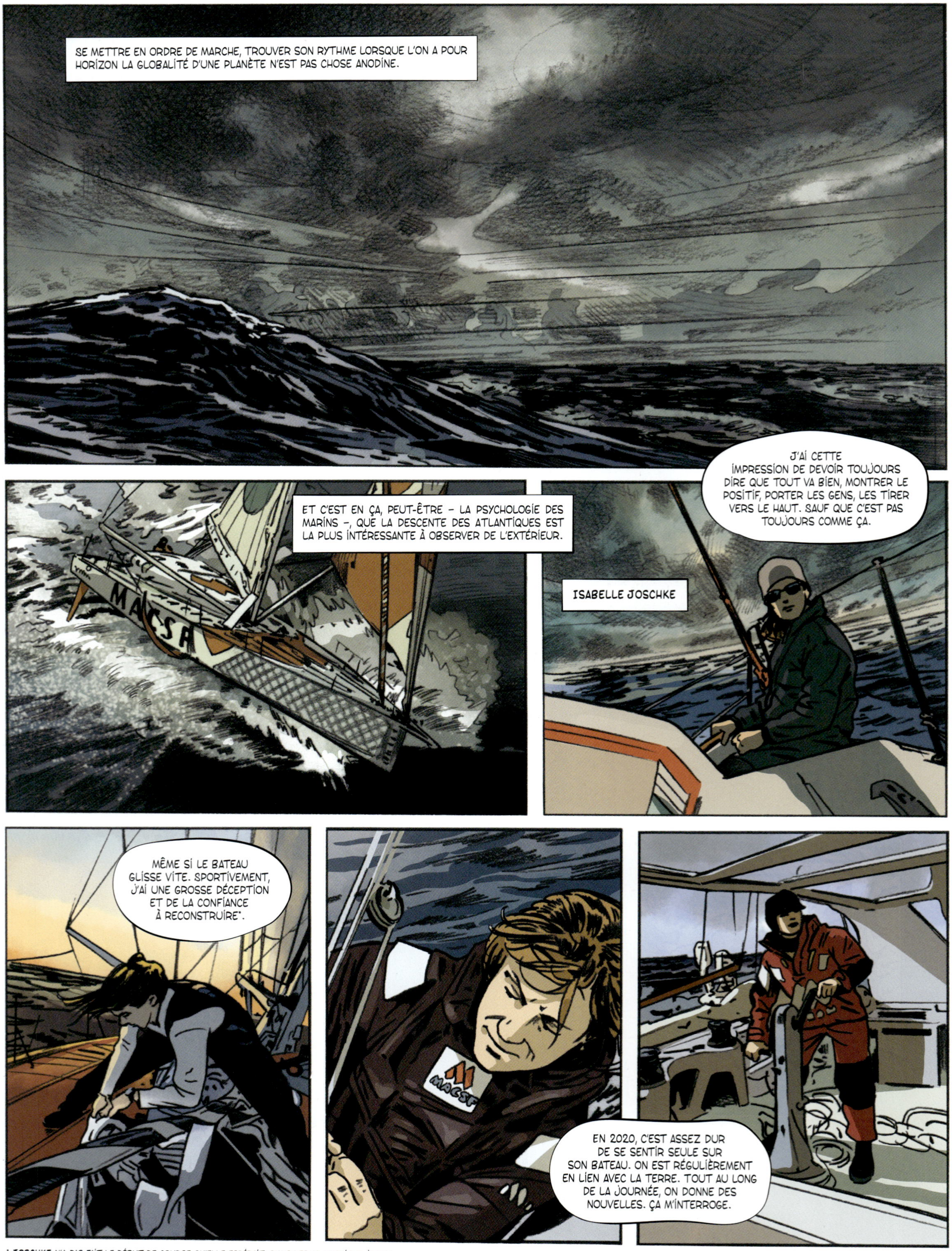

* **JOSCHKE** N'A PAS FAIT LE DÉBUT DE COURSE QU'ELLE ESPÉRAIT. DANS LES 10 PREMIERS JOURS, ELLE S'EST FAIT DÉCROCHER PAR LES BATEAUX AU POTENTIEL ÉQUIVALANT AU SIEN.

J'AI BESOIN DE CE LIEN POUR FAIRE AVANCER PLUS VITE LES CHOSES, MAIS C'EST ASSEZ BIZARRE. C'EST PAS LA SOLITUDE À LAQUELLE JE M'ATTENDAIS.
QUAND EST-CE QUE JE SERAI SEULE SUR MON BATEAU ?
MAIS IL Y A PLEIN DE CHOSES POSITIVES ET MON ENVIE D'ÊTRE EN COURSE EST LÀ. JE N'AI PAS ENVIE D'ÊTRE AILLEURS, C'EST SÛR.
SAUF QUE JE NE VAIS PAS RACONTER D'HISTOIRES POUR FAIRE PLAISIR AUX GENS.
C'EST PAS TOUS LES JOURS DRÔLE.
ISABELLE JOSCHKE, QUI A UN CURRICULUM DE COUREUSE AU LARGE LONG COMME UN MÂT, NE SE CACHE PAS. ELLE INTERROGE LES CODES DE LA COMMUNICATION, ET QUE ÇA FAIT DU BIEN À ENTENDRE DEPUIS LA TERRE !
APRÈS DEUX OCÉANS PARCOURUS, À L'HEURE D'ENTRER DANS LE GRAND SUD, SOUS LE CAP DE BONNE-ESPÉRANCE, LA VOILÀ 12e, ACCROCHÉE AU PELOTON DE TÊTE, AYANT RATTRAPÉ LES BATEAUX DU MÊME POTENTIEL QUE LE SIEN.

IL Y A LES ABANDONS : **THOMSON** EST AU TAPIS, MAIS AUSSI **FABRICE AMEDEO** QUI JETTE L'ÉPONGE AU CAP APRÈS TROP DE DYSFONCTIONNEMENTS DIVERS. **NICOLAS TROUSSEL**, QUI S'EST PRIS SON MÂT SUR LA FIGURE SUR SON BATEAU NEUF, CERTAINEMENT MIS TROP TARD À L'EAU POUR POUVOIR L'ÉPROUVER.

IL Y A **SÉBASTIEN SIMON**, EN 4e POSITION À L'ENTRÉE DE L'OCÉAN INDIEN, QUI, APRÈS AVOIR PARTICIPÉ À LA MÉSAVENTURE DONT ON VA PARLER, PERCUTE UN OBJET FLOTTANT NON IDENTIFIÉ (OFNI).

ET PUIS IL Y A LA TRISTESSE DE VOIR **SAMANTHA DAVIES** S'ARRÊTER POUR RÉPARER AU CAP, LÀ AUSSI SUITE À UN CHOC. ELLE REPARTIRA TOUT DE MÊME HORS COURSE POUR BOUCLER LA BOUCLE. TRISTESSE PARCE QU'ON A ENCORE EN MÉMOIRE SON EXCEPTIONNEL VENDÉE GLOBE 2008 : UN BATEAU ANCIENNE GÉNÉRATION, DES PERFORMANCES IMPRESSIONNANTES, UN PARTAGE AVEC LE SOURIRE ET PEUT-ÊTRE MOINS DE PUDEUR ENVERS SES ÉMOTIONS ET SES ÉTATS PSYCHOLOGIQUES QUE BIEN D'AUTRES CONCURRENTS.

* LES BATEAUX DU VENDÉE GLOBE SONT RÉUNIS AU SEIN DE LA CLASSE **IMOCA** QUI, NOTAMMENT, DÉFINIT UN CAHIER DES CHARGES COMMUN À TOUS.

DANS LE PELOTON DE TÊTE, ON RETROUVE CHARLIE DALIN ET THOMAS RUYANT SUR DES BATEAUX NEUFS. PUIS VIENNENT LOUIS BURTON, ISABELLE JOSCHKE, YANNICK BESTAVEN, KEVIN ESCOFFIER, GIANCARLO PEDOTE ET BORIS HERRMANN SUR DES BATEAUX À FOILS DE LA GÉNÉRATION PRÉCÉDENTE. ET ENFIN, TOUJOURS DANS LE PAQUET DE TÊTE, SUR LEUR BATEAU À DÉRIVES DROITES, DE GÉNÉRATIONS ENCORE ANTÉRIEURES : L'INCROYABLE JEAN LE CAM DANS LES TOUTES PREMIÈRES PLACES AINSI QUE DAMIEN SEGUIN, BENJAMIN DUTREUX ET MAXIME SOREL.
T'AS BIEN DIT JEAN LE CAM AUX AVANT-POSTES ?!
YEP! AVEC SES 60 BOUGIES ET SON BATEAU DE 10 ANS D'ÂGE.
SA FINESSE DE NAVIGATION A ÉTÉ ADMIRABLE : PAS UNE MANŒUVRE SUPERFLUE, DES PRISES DE RISQUE MILLIMÉTRÉES ET UNE LECTURE MÉTÉO... DU GRAND ART, SALUÉ PAR TOUTE LA FLOTTE.
ROMAIN ATTANASIO ET CLARISSE CRÉMER FONT LA LIAISON ENTRE LES BATEAUX DE DEVANT ET LE RESTE DES POURSUIVANTS.
ROMAIN ATTANASIO
CETTE DEUXIÈME PARTIE DE FLOTTE EST ELLE-MÊME DIVISÉE EN DEUX. LE PREMIER GROUPE EST COMPOSÉ D'ALAN ROURA, ARNAUD BOISSIÈRES, STÉPHANE LE DIRAISON, ARMEL TRIPON À LA TRAÎNE AVEC SON BATEAU HANDICAPÉ, MANUEL COUSIN, DIDAC COSTA ET PIP HARE, CES DEUX DERNIER ET DERNIÈRE SUR DES BATEAUX DE 20 ANS D'ÂGE !
ET DANS LE DEUXIÈME ET DERNIER GROUPE, ON RETROUVE ALEXIA BARRIER SUR UN BATEAU DE 20 ANS ÉGALEMENT, CLÉMENT GIRAUD, MIRANDA MERRON, ARI HUUSELA, KOJIRO SHIRAISHI ET SÉBASTIEN DESTREMAU.
PIP HARE
ALAN ROURA
ARNAUD BOISSIÈRES
MIRANDA MERRON
SÉBASTIEN DESTREMAU
LES FOILS NE SE SONT DONC PAS ENVOLÉS AU LOIN ?
EH NON, LA FAUTE À UNE MÉTÉO PAS HABITUELLE DIT-ON. D'AILLEURS, TOUS LES TEMPS DE PASSAGE AFFICHENT UN RETARD PAR RAPPORT À L'ÉDITION PRÉCÉDENTE. C'EST UN VENDÉE GLOBE LENT.
À L'ATTAQUE DES MERS DU SUD, ON VA ASSISTER À UN NOUVEAU DÉPART ?
C'EST SÛR QU'ON S'ATTEND EN EFFET À CE QUE DES ÉCARTS SE CREUSENT ENFIN. QUE LES MOYENNES S'AFFOLENT...
SAUF QUE...
FATALEMENT...
RIEN DE TOUT ÇA NE VA ARRIVER !

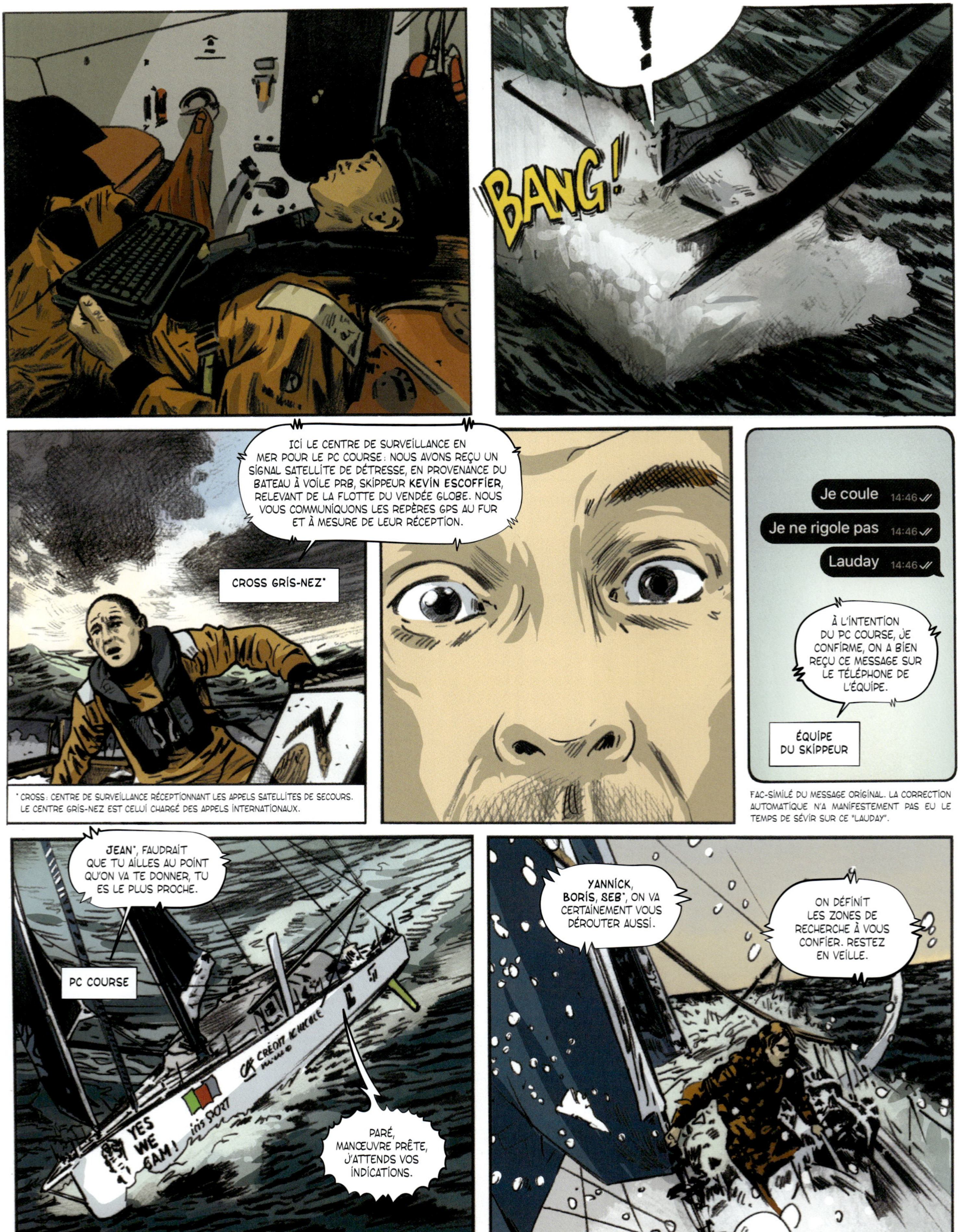

FAC-SIMILÉ DU MESSAGE ORIGINAL. LA CORRECTION AUTOMATIQUE N'A MANIFESTEMENT PAS EU LE TEMPS DE SÉVIR SUR CE "LAUDAY".

* JEAN LE CAM

* YANNICK BESTAVEN, BORIS HERRMANN, SÉBASTIEN SIMON

LE BATEAU PRB, DONT LE FOND DE COQUE AVAIT ÉTÉ RENFORCÉ ET DONT LA STRUCTURE AVAIT ÉTÉ MÉTICULEUSEMENT AUSCULTÉE, S'EST ROMPU. CASSÉ EN DEUX, PAR PLUS DE 40° DE LATITUDE SUD.
!
CRAC !!
85
PRB
FINISTERE

SA BALISE INDIQUE QU'IL DOIT ÊTRE PAR LÀ...
JEAN LE CAM
LÀ!!
MINCE ! IL EST EN RADEAU.
OÙ EST PASSÉ LE BATEAU ?
JE RÉDUIS LA TOILE, JE TOURNE ET JE VIENS TE CHERCHER.

QUOI ?!
J'AI RIEN ENTENDU. IL A DÛ TROUVER LA MER TROP GROSSE, ET AVEC LE SOLEIL QUI SE COUCHE...
EN TOUT CAS, C'EST CE QUE J'AURAIS FAIT. DEMAIN ÇA PASSERA TRANQUILLE. IL A RAISON.
JE VAIS ÉTEINDRE MA BALISE POUR ÉCONOMISER LA BATTERIE.
OÙ EST-CE QU'IL EST PASSÉ ?
TÊTE D'OSSUAIRE DE BOUFFEUR DE MERLES !
IL N'A PAS PU DISPARAÎTRE ! PLUS RIEN SUR LES ÉCRANS !!
IL S'EST CACHÉ DERRIÈRE UNE VAGUE.
JEAN, TU TE METS EN STAND-BY QUELQUE TEMPS. IL FAUT QUE TU DORMES.
C'EST IMPORTANT QUE TU RESTES EN FORME. ON VA Y ARRIVER.
AU PC COURSE, AUX SABLES D'OLONNE.
ON A UN TRIANGLE DE RECHERCHE À PARTIR DE LA POSITION DU NAUFRAGE.
YANNICK, BORIS, SEB, ON LE COUPE EN TROIS ET À CHACUN SA ZONE.

PARTICIPER AUX SECOURS, CE N'EST PAS UNE QUESTION.
FAUT LE FAIRE, C'EST TOUT.
T'ES DANS UN RADEAU DE SURVIE DANS LES MERS DU SUD… ÇA SENT LE ROUSSI QUAND MÊME.
ET PUIS LA FATIGUE AUSSI PARCE QUE PAS MOYEN DE SE RELÂCHER.
IL NE FALLAIT PAS NON PLUS FAIRE MONTER TROP DE MONDE SUR LA ZONE PARCE QU'APRÈS ÇA PEUT DÉGÉNÉRER EN SURACCIDENT. SURTOUT QUE LA MER ÉTAIT PAS FACILE.
À QUOI ÇA SERT DE SCRUTER L'OCÉAN COMME ÇA… QU'EST-CE TU VEUX QU'ON LE RETROUVE… ON NE SAIT MÊME PAS S'IL A DÉRIVÉ PAR LÀ AVEC LE COURANT, PAR ICI AVEC LE VENT, SI LE RADEAU EST TOUJOURS À L'ENDROIT…
EN MILIEU DE NUIT, JE PENSE QUE C'EST FOUTU. C'EST DUR. T'ES TOUT SEUL. T'IMAGINES LE PIRE.
À UN MOMENT, J'AI VU UNE FLASH LIGHT, J'EN SUIS SÛR, QUI EST PASSÉE JUSTE DERRIÈRE MON BATEAU. JE L'AI CHERCHÉE, CHERCHÉE, JE NE L'AI PLUS JAMAIS REVUE. MAIS J'AI PAS RÊVÉ, JE L'AI VUE.
C'ÉTAIT PEUT-ÊTRE UN DÉBRIS DU BATEAU, PEUT-ÊTRE LA LUMIÈRE D'UN DES GILETS DE SAUVETAGE QUI DÉRIVAIENT, UNE LAMPE TORCHE PASSÉE À L'EAU…
À PROPOS DE NAUFRAGES ET DE SAUVETAGES, ENTRE LES VENDÉE GLOBE 2020 ET 2024, ON ESTIME QUE 9 000 PERSONNES SERONT MORTES EN MÉDITERRANÉE SELON L'ORGANISATION INTERNATIONALE

JE REDOUTAIS L'ARRIVÉE DU MESSAGE "ON ABANDONNE LES RECHERCHES".
EN PLUS DE ÇA, IL Y AVAIT LE RISQUE DE TOMBER SUR LE BATEAU. EN CHERCHANT LE BONHOMME, IL Y A QUAND MÊME UNE FORTE PROBABILITÉ QUE TU LE TAPES.
CE QUI M'A MARQUÉ, C'EST QUE LA MER ÉTAIT TRÈS COURTE, DÉFERLANTE. LES VAGUES QUI PASSENT AU-DESSUS DE MON BATEAU, J'AI ENCORE ÇA EN TÊTE.
ESSAYER DE RETROUVER UN PETIT BATEAU GONFLABLE AU MILIEU D'UN OCÉAN, C'EST... N'IMPORTE QUOI.
HONNÊTEMENT, JE CROYAIS QUE C'ÉTAIT FINI. POUR MOI, C'ÉTAIT...
T'ES AU BOUT DU MONDE, SEUL. LA FATIGUE, LE STRESS D'ATTAQUER LES MERS DU SUD. ET TU COMMENCES PAR ÇA...
CE QUI EST FORT, C'EST QUE TOUT LE MONDE A GARDÉ SON SANG-FROID. PERSONNE N'A LAISSÉ PLACE À L'ÉMOTION.
NON, T'ES PAS PRÉPARÉ, PAS PRÉPARÉ DU TOUT.
POUR LES MIGRATIONS, ORGANISME MEMBRE DE L'ONU. DURANT LE TEMPS DE L'ÉDITION 2024, 600 PERSONNES, AU MOINS, Y PÉRIRONT. POURTANT LES MOYENS POUR LES SAUVER EXISTENT.

ET PUIS... ET PUIS...
CE COUP-CI, JE NE RÊVE PAS...
À UN MOMENT, JE VOIS UN PETIT POINT LUMINEUX. JE ME DIRIGE VERS LUI. AU DÉBUT, IL EST TRÈS INTERMITTENT ET PUIS IL DEVIENT DE PLUS EN PLUS VISIBLE ET FIXE.
LE REVOILÀ, ET PLUS LE DROIT À L'ERREUR.
ON EST CONNECTÉS À LA CAMÉRA DE JEAN, PAR SKYPE. IL L'A LAISSÉE TOURNER POUR QU'ON COMMUNIQUE FACILEMENT PENDANT TOUTES CES HEURES DE SAUVETAGE.
ON A SA TABLE À CARTES DANS LE CHAMP, LA PORTE QUI DONNE SUR SON COCKPIT ET LUI QUI SE MET DEVANT SON ÉCRAN DE TEMPS EN TEMPS POUR NOUS DONNER UNE INFO.
JACQUES CARAËS
ON A TOUT DE SUITE COMPRIS QU'IL SE PASSAIT QUELQUE CHOSE. ON LE VOYAIT PASSER AVEC UNE LAMPE TORCHE.
ON NE SAVAIT PAS, IL N'A PAS PRIS LE TEMPS DE NOUS EXPLIQUER. NORMAL.
ON EST DANS L'ATTENTE. ÇA DURE PRESQUE TROIS QUARTS D'HEURE, UNE HEURE, JE PENSE.
JE TENTE DE ME LAISSER GLISSER SUR LUI, EN TRAVERS, EN CRABE.
SAUF QUE, ARRÊTER UN BATEAU, JE SAIS PAS FAIRE, C'EST PAS FAIT POUR.
ALORS JE PRENDS UN BOUT, AVEC UNE SORTE DE FRITE, COMME À LA PISCINE. ET JE LUI LANCE.

ON TIRE ET ON RAMÈNE LE RADEAU.
C'EST UN MOMENT CHAUD, PARCE QUE SI LE RADEAU PASSE PAR-DESSOUS...
BREF. TU SAIS QUE C'EST PAS FINI TANT QU'IL N'EST PAS À BORD.
LE SKIPPEUR DE PRB SERAIT RÉCUPÉRÉ EN MER PAR UN NAVIRE MILITAIRE LAISSANT LE CAM POURSUIVRE SA ROUTE.
C'ÉTAIT À PRÉSENT AU TOUR DU JURY D'ENTRER DANS LA DANSE. IL DEVAIT SE PENCHER SUR L'ÉPINEUSE QUESTION DES RÉPARATIONS DE TEMPS POUR QUI AVAIT PARTICIPÉ AUX SECOURS.

L'OCÉAN INDIEN SE PRÉSENTAIT À PRÉSENT DEVANT LES ÉTRAVES.
DANS CET OCÉAN, C'EST DINGUE, TOUT VA DANS UNE DIRECTION DIFFÉRENTE : LE VENT, LES VAGUES, LES COURANTS ET LE BATEAU. C'EST COURT, HACHÉ, CASSÉ, CASSANT POUR LE MATÉRIEL ET LE MARIN... SI UNE BONNE ÂME POUVAIT Y METTRE UN PEU D'ORDRE.
TU VIS À QUATRE PATTES COMME UN SANGLIER, LE MUSEAU DANS LE FOND DU BATEAU OÙ TOUT VALDINGUE.
ROMAIN ATTANASIO
BENJAMIN DUTREUX
C'EST DE LONGUES SESSIONS D'APNÉE. LES VAGUES SONT PAR-DESSUS LE PONT, LE BATEAU EST TRÈS PENCHÉ ET BOUGE DANS TOUS LES SENS.
C'EST DANGEREUX DE SORTIR, TU RESTES CONSTAMMENT EN ALERTE.
BORIS HERRMANN

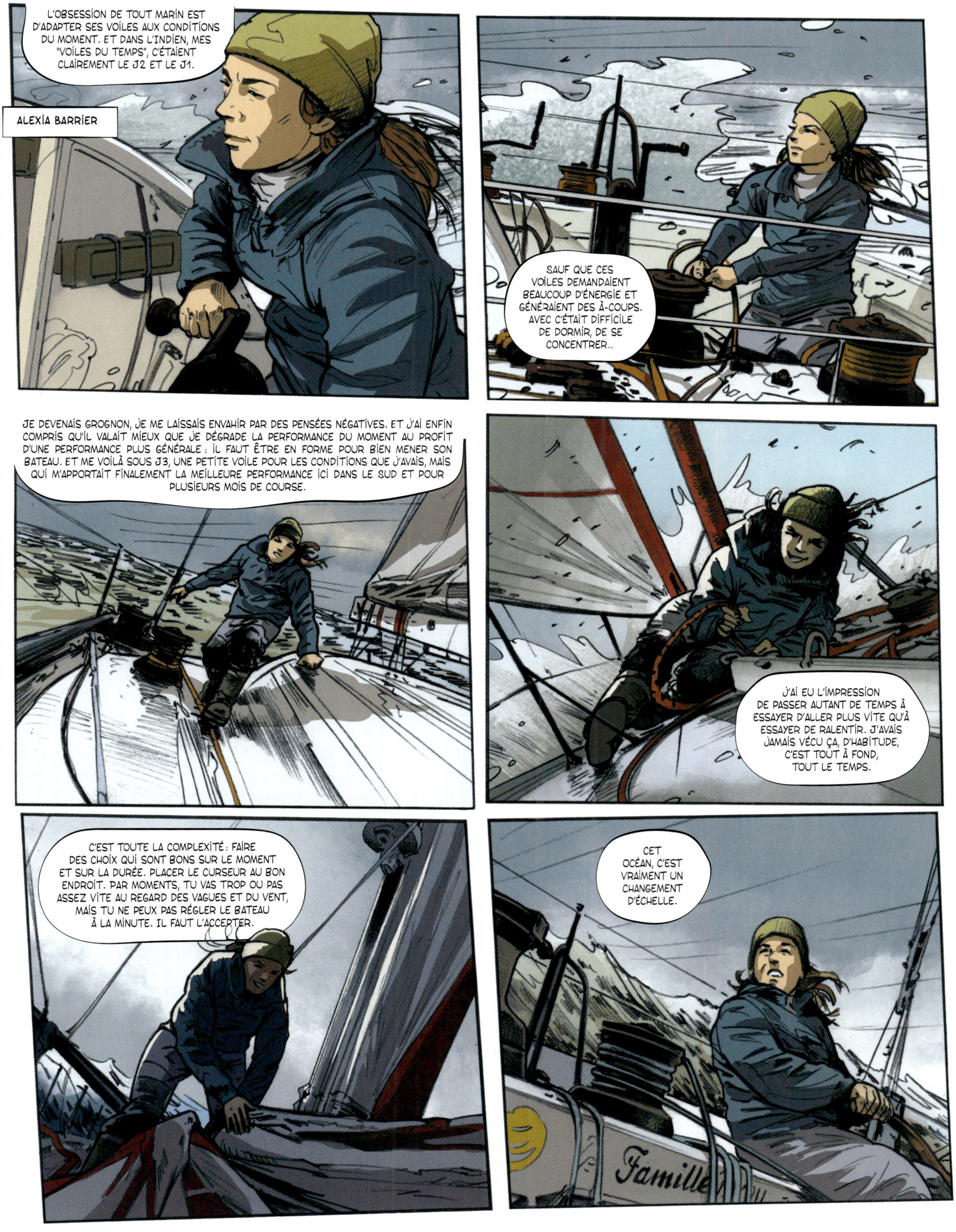
L'OBSESSION DE TOUT MARIN EST D'ADAPTER SES VOILES AUX CONDITIONS DU MOMENT. ET DANS L'INDIEN, MES "VOILES DU TEMPS", C'ÉTAIENT CLAIREMENT LE J2 ET LE J1.
ALEXIA BARRIER
SAUF QUE CES VOILES DEMANDAIENT BEAUCOUP D'ÉNERGIE ET GÉNÉRAIENT DES À-COUPS. AVEC C'ÉTAIT DIFFICILE DE DORMIR, DE SE CONCENTRER...
JE DEVENAIS GROGNON, JE ME LAISSAIS ENVAHIR PAR DES PENSÉES NÉGATIVES. ET J'AI ENFIN COMPRIS QU'IL VALAIT MIEUX QUE JE DÉGRADE LA PERFORMANCE DU MOMENT AU PROFIT D'UNE PERFORMANCE PLUS GÉNÉRALE : IL FAUT ÊTRE EN FORME POUR BIEN MENER SON BATEAU. ET ME VOILÀ SOUS J3, UNE PETITE VOILE POUR LES CONDITIONS QUE J'AVAIS, MAIS QUI M'APPORTAIT FINALEMENT LA MEILLEURE PERFORMANCE ICI DANS LE SUD ET POUR PLUSIEURS MOIS DE COURSE.
J'AI EU L'IMPRESSION DE PASSER AUTANT DE TEMPS À ESSAYER D'ALLER PLUS VITE QU'À ESSAYER DE RALENTIR. J'AVAIS JAMAIS VÉCU ÇA, D'HABITUDE, C'EST TOUT À FOND, TOUT LE TEMPS.
C'EST TOUTE LA COMPLEXITÉ : FAIRE DES CHOIX QUI SONT BONS SUR LE MOMENT ET SUR LA DURÉE. PLACER LE CURSEUR AU BON ENDROIT. PAR MOMENTS, TU VAS TROP OU PAS ASSEZ VITE AU REGARD DES VAGUES ET DU VENT, MAIS TU NE PEUX PAS RÉGLER LE BATEAU À LA MINUTE. IL FAUT L'ACCEPTER.
CET OCÉAN, C'EST VRAIMENT UN CHANGEMENT D'ÉCHELLE.
Famille

TU MONTES EN HAUT D'UNE VAGUE, TU PARS DANS UN SURF COMPLÈTEMENT DÉSORDONNÉ, AUCUN ÉQUILIBRE.
ROMAIN ATTANASIO
TES DEUX SAFRANS SORTENT DE L'EAU, LE PILOTE NE COMPREND PLUS CE QU'IL SE PASSE, IL TIRE LA BARRE, TU PARS EN SURVITESSE, LE TEMPS QUE LE PILOTE ROUVRE ET T'ES SUR LA TRANCHE, LES VOILES DANS L'EAU.
C'EST LE SPEED, TU SAIS QUE ÇA PEUT CASSER.
TU SORS REPRENDRE TOUT ÇA EN MAIN, T'ES DANS LE COCKPIT À 90°...
TU CHOQUES LES ÉCOUTES ET TU PARS EN ESCALADE. FAUT QUE T'AILLES À LA BASTAQUE AU VENT, ÇA LIBÈRE CELLE QUI EST DANS L'EAU, LE BATEAU EST DÉCHARGÉ ET SE REDRESSE.

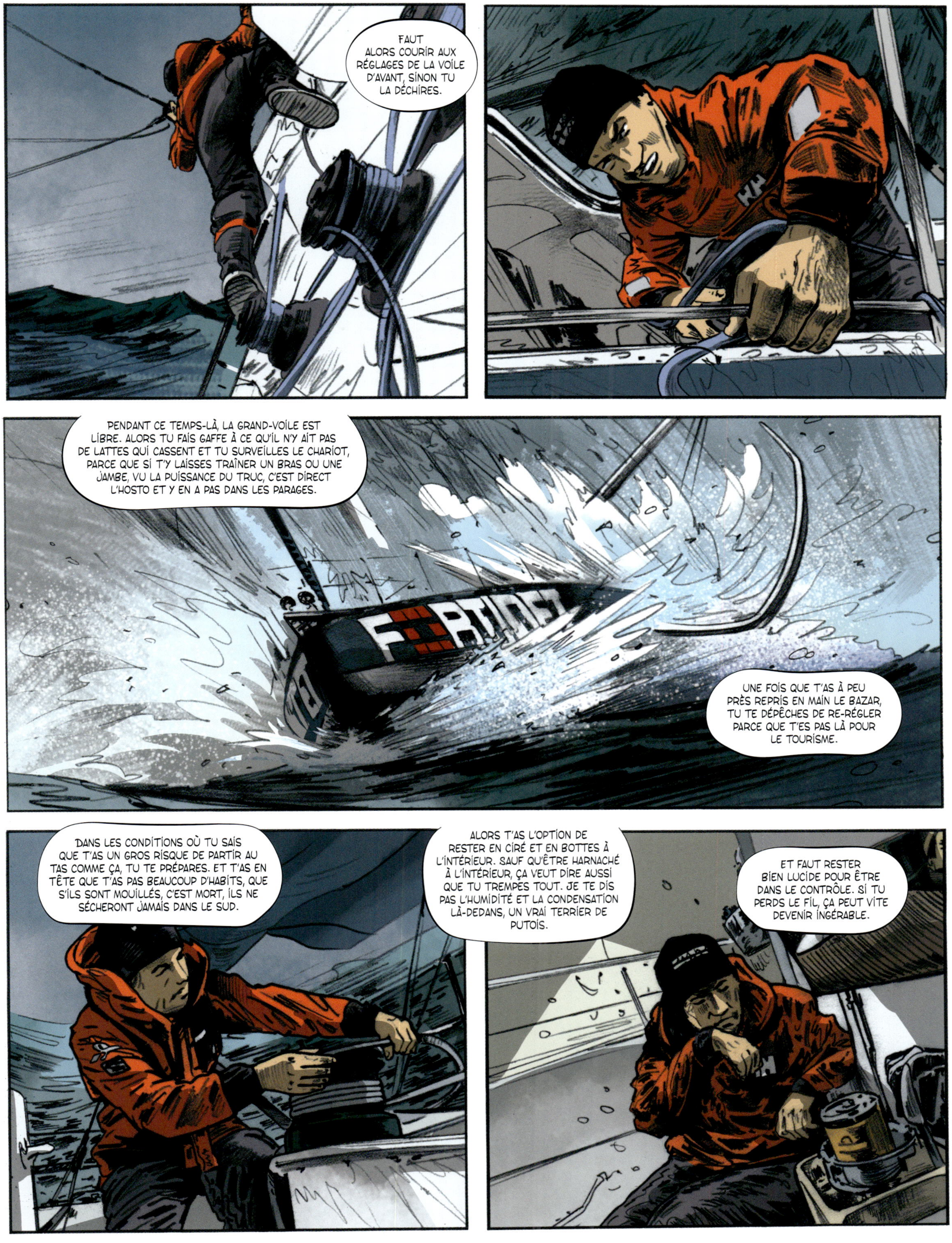
FAUT ALORS COURIR AUX RÉGLAGES DE LA VOILE D'AVANT, SINON TU LA DÉCHIRES.
PENDANT CE TEMPS-LÀ, LA GRAND-VOILE EST LIBRE. ALORS TU FAIS GAFFE À CE QU'IL N'Y AIT PAS DE LATTES QUI CASSENT ET TU SURVEILLES LE CHARIOT, PARCE QUE SI T'Y LAISSES TRAÎNER UN BRAS OU UNE JAMBE, VU LA PUISSANCE DU TRUC, C'EST DIRECT L'HOSTO ET Y EN A PAS DANS LES PARAGES.
UNE FOIS QUE T'AS À PEU PRÈS REPRIS EN MAIN LE BAZAR, TU TE DÉPÊCHES DE RE-RÉGLER PARCE QUE T'ES PAS LÀ POUR LE TOURISME.
DANS LES CONDITIONS OÙ TU SAIS QUE T'AS UN GROS RISQUE DE PARTIR AU TAS COMME ÇA, TU TE PRÉPARES. ET T'AS EN TÊTE QUE T'AS PAS BEAUCOUP D'HABITS, QUE S'ILS SONT MOUILLÉS, C'EST MORT, ILS NE SÉCHERONT JAMAIS DANS LE SUD.
ALORS T'AS L'OPTION DE RESTER EN CIRÉ ET EN BOTTES À L'INTÉRIEUR. SAUF QU'ÊTRE HARNACHÉ À L'INTÉRIEUR, ÇA VEUT DIRE AUSSI QUE TU TREMPES TOUT. JE TE DIS PAS L'HUMIDITÉ ET LA CONDENSATION LÀ-DEDANS, UN VRAI TERRIER DE PUTOIS.
ET FAUT RESTER BIEN LUCIDE POUR ÊTRE DANS LE CONTRÔLE. SI TU PERDS LE FIL, ÇA PEUT VITE DEVENIR INGÉRABLE.

LES FICHIERS MÉTÉO SONT MOINS PRÉCIS QUE LE LONG DE NOS CÔTES. C'EST LOGIQUE, IL Y A MOINS DE TRAFIC, C'EST DONC MOINS ÉTUDIÉ.
BORIS HERRMANN
DANS LE SUD, J'AI PASSÉ LITTÉRALEMENT DES JOURNÉES DEVANT L'ORDI.
J'AI DÛ FAIRE DES CENTAINES DE ROUTAGES EN MIXANT LES DONNÉES, EN CHANGEANT LES CARACTÉRISTIQUES DE MON BATEAU QUI FATIGUE ET PUIS EN AJOUTANT À TOUT ÇA UNE BONNE DOSE DE FEELING.
C'EST IMPORTANT LE FEELING.
ET LES PHÉNOMÈNES SONT TRÈS RAPIDES, DONC ÇA CHANGE VITE.
T'ES PARTI POUR LE GRAND AIR, TU TE TRANSFORMES EN GEEK...
JE SUIS ENTRÉ DANS LE SUD EN ÉTANT DANS LE PELOTON DE TÊTE. JE DISAIS À QUI VOULAIT L'ENTENDRE QUE MON BATEAU ÉTAIT EN PARFAIT ÉTAT, MAIS EN FAIT J'AVAIS UN PROBLÈME EN TÊTE DE MÂT. JE NE VOULAIS PAS LE DIRE POUR QUE MES CONCURRENTS NE PUISSENT PAS EXPLOITER CORRECTEMENT MES INFOS DE VITESSE. CHAQUE BATEAU EST COMME UNE BOUÉE SUR L'EAU QUI T'INFORME SUR LE VENT ET LA MER. C'EST UTILE DE SAVOIR OÙ EN EST LE POTENTIEL DE CHACUN POUR POUVOIR INTERPRÉTER ÇA AU MIEUX.
MAIS À UN MOMENT J'AI EU DE LA MOLLE ET J'EN AI PROFITÉ POUR MONTER RÉPARER. TOUT S'EST BIEN PASSÉ, EN 1 H 30 J'AI PU TOUT REMETTRE EN ORDRE.
YANNICK BESTAVEN

ÇA, JE L'AI DIT LORS D'UN DIRECT RADIO. PARCE QUE TU NE PEUX PAS TOUT CACHER. C'EST DUR DE NE PAS PARTAGER. ALORS QUAND T'ES À 30 MÈTRES EN L'AIR, À TE FAIRE BALLOTTER PAR LA HOULE… TU LE RACONTES, C'EST HUMAIN.
J'AI RÉUSSI À REJOINDRE THOMAS ET CHARLIE QUI ÉTAIENT UN PEU DEVANT.
THOMAS A UN BOUT DE FOIL EN MOINS QU'IL A DÛ COUPER DANS L'ATLANTIQUE SUD. ET CHARLIE NE DIT RIEN, MAIS JE PARIE QU'IL A UN PROBLÈME SINON ILS AURAIENT DÉJÀ FILÉ LOIN DEVANT.
ET CÔTÉ CLASSEMENT, ON EN EST OÙ ?
EN TÊTE, ON A BIEN DEUX BATEAUX NEUFS, CEUX DE CHARLIE DALIN ET THOMAS RUYANT.
MAIS ILS N'ONT JAMAIS FAIT LE GRAND ÉCART AVEC LE PELOTON À LEURS TROUSSES.
À LA SORTIE DE L'INDIEN, LES 10 PREMIERS BATEAUX SE TIENNENT EN 500 MILLES. À MI-COURSE, C'EST PAS GRAND-CHOSE. ÇA VEUT DIRE QUE 10 MARINS PEUVENT ENCORE PRÉTENDRE AU PODIUM.
ET DANS CETTE ÉCHAPPÉE, IL N'Y A PAS 2 MAIS 3 BATEAUX.
UN TROUBLE-FÊTE ?…
ET QUI EST EN TÊTE !
YANNICK BESTAVEN, PERSONNE N'AVAIT PARIÉ SUR LUI.
ON LE METTAIT DANS LE TOP 10. DANS LES 5 PEUT-ÊTRE. MAIS 1er, PERSONNE.
POURTANT, IL A UN JOLI PALMARÈS.
SUR D'AUTRES TYPES DE BATEAUX, OUI, MAIS EN IMOCA, ON NE PEUT PAS DIRE QU'IL AIT BRILLÉ…
ET JE NE ME TROMPE PAS EN DISANT QU'IL NE PARTAIT PAS AVEC LES BONNES CARTES EN MAIN…
UN BATEAU DE LA GÉNÉRATION PRÉCÉDENTE… QU'IL A EU TARDIVEMENT.
UN BUDGET QUI NE SEMBLE PAS DÉLIRANT.
ON REDEMANDE UNE FRITE?
JE PENSE QUE MÊME LUI N'AURAIT PAS PARIÉ SUR LUI.
TU LUI AS DEMANDÉ ?
NON. ET JE CROIS QUE ÇA N'A PAS DE SENS DE LE FAIRE.

CÂLINE

J'AI L'IMPRESSION QU'ON VA AVOIR UN PACIFIQUE ASSEZ LENT. APRÈS LES DEUX ATLANTIQUES ET L'INDIEN QUI L'ÉTAIENT DÉJÀ...
IL Y A DES ZONES SANS VENT QUI SE FORMENT DEVANT LES PREMIERS À CHAQUE FOIS QU'ILS S'ENVOLENT TROP LOIN DU PELOTON. ET NOUS ON ARRIVE DERRIÈRE ET LA BULLE SE DISSIPE, ON PASSE SANS TROP DE SOUCIS.
ÇA A DÛ ÊTRE HORRIBLE D'ÊTRE DEVANT : LA TROUPE QUI REVIENT À CHAQUE COUP DE FREIN. TANT D'EFFORTS ET SI PEU DE GAIN.
TOUTE LA PREMIÈRE PARTIE, C'ÉTAIT ANTICYCLONE SUR ANTICYCLONE... AU PAYS DES GRANDS ESPACES, DU VENT ET DES TEMPÊTES ! C'EST DINGUE, CETTE MÉTÉO.
ET QUAND ON AVAIT DU VENT, CE N'ÉTAIT PAS CELUI QU'ON AVAIT IMAGINÉ AU MOMENT DE CONSTRUIRE NOS BATEAUX...

MUTUELLES PRÉVOYANCE AUIO
APIVIA
RÉSULTAT : NOS NOUVEAUX BATEAUX À FOILS, AU TOP DE L'AVANCÉE TECHNOLOGIQUE, N'ÉTAIENT PAS SOUVENT ADAPTÉS AUX CONDITIONS...
D'AUTANT QUE CHARLIE ET THOMAS AVAIENT DES FOILS ABÎMÉS, VOIRE AMPUTÉS.

EN MÊME TEMPS, C'EST LE PROPRE DE CE QUI NOUS EST ANNONCÉ ET QUI SE CONFIRME D'ANNÉE EN ANNÉE : DES SAUTES RADICALES ET RAPIDES. UNE IMPRÉVISIBILITÉ GÉNÉRALISÉE.
GIEC
2023
2014
2007
2001
1995
1990
MAIS FAUT BIEN QU'ON S'APPUIE SUR QUELQUE CHOSE POUR DESSINER DE NOUVEAUX BATEAUX !
SI TON BUT C'EST LE TOUR DU MONDE, FAIS UN BATEAU POLYVALENT ET TU DEVRAIS ARRIVER AU BOUT.
SAUF QUE LE BUT D'UN NOUVEAU BATEAU, C'EST PAS JUSTE DE FAIRE LE TOUR...
DONC TU DOIS FAIRE DES CHOIX, ENTRE DESSINER TON BOLIDE POUR LES CONDITIONS, DE MOINS EN MOINS FIABLES, QUE TU ESPÈRES RENCONTRER OU METTRE UN PEU DE POLYVALENCE DANS TA FORMULE.
PARCE QU'AVOIR LE MEILLEUR BATEAU DANS TOUTES LES CONDITIONS DU MONDE, ON SAIT PAS FAIRE.

ON A QUAND MÊME EU CHACUN NOTRE CARTOUCHE, ET SOUVENT PLUSIEURS MÊME. LE TARIF MINIMUM, C'EST 40, 45 NŒUDS. TU LE SAIS, TU T'Y ES PRÉPARÉ. MAIS C'EST PAS POUR AUTANT QUE TU N'APPRÉHENDES PAS LE MOMENT.

SI MER ET VENT SONT RANGÉS DANS LE MÊME SENS, TU SAIS NAVIGUER BIEN. MAIS C'EST SPORT.
TRÈS SPORT.
LA MER TE DICTE UNE VITESSE, LE VENT T'EN DICTE UNE AUTRE ET PUIS IL Y A LA RÉSISTANCE DE TON MATÉRIEL DÉJÀ USÉ. C'EST PAS LE MOMENT DE DÉCHIRER UNE VOILE OU DE PLIER LE MÂT. ALORS TU COMPOSES.
TRÈS, TRÈS SPORT.
QUAND T'ES FACE AU VENT, DANS LA BASTON, DANS UNE MER COMPLÈTEMENT CROISÉE...
TU DOIS REDOUBLER DE VIGILANCE SUR L'ÉTAT DE TON BATEAU ET DE TES VOILES. DONC, TU DOIS PLUS SOUVENT SORTIR, ALLER À L'AVANT, VÉRIFIER QU'IL N'Y A PAS DE POCHES D'EAU DANS LES VOILES ROULÉES, VÉRIFIER LES PLAQUETTES D'ENROULEUR, LES DIFFÉRENTS POINTS DE CHARGE. IL Y A DE QUOI S'INQUIÉTER SUR UN IMOCA ! SAUF QUE LE PACIFIQUE, C'EST PRÉCISÉMENT LÀ OÙ TU AS LE MOINS ENVIE D'ALLER DEHORS, C'EST DANGEREUX ET TRÈS ISOLÉ... FAUT JAUGER LE JUSTE BESOIN POUR TOI ET LE MATÉRIEL.
TU METS TON HARNAIS ET ENSUITE FAUT PAS CROIRE QUE TU VAS POSÉMENT DEVANT. NON, FAUT Y ALLER D'UN TRAIT TELLEMENT ÇA BOUGE. TU CHOISIS LA BONNE VAGUE, CELLE OÙ TON BATEAU NE PLANTE PAS NI NE PART EN SURVITESSE. LE LONG DU ROOF, T'AS LA MAIN QUI GLISSE SUR LA MAIN COURANTE ET APRÈS, T'AS PLUS RIEN, TU FINIS TOUT DROIT EN FAISANT UNE GLISSADE À GENOUX.

LA SEMAINE DERNIÈRE, ON A PASSÉ À PEU PRÈS CINQ JOURS DANS UNE DÉPRESSION AVEC 35 À 60 NŒUDS DE VENT. LA BOULE AU VENTRE. ET DANS MOINS DE 24 HEURES JE ME RETROUVE À NOUVEAU DANS 50 NŒUDS.
DE TOUTE FAÇON, ÇA SERT À RIEN DE FLIPPER. J'Y SUIS.
... SOIT TON BATEAU TAPE DANS LES VAGUES, SOIT IL SE COUCHE.
BAH CROIS-MOI, TU PRÉFÈRES QU'IL SE COUCHE, AU MOINS IL PASSE LA VAGUE PLUS EN DOUCEUR.
C'EST PAS FAMEUX POUR L'USURE DES VOILES, MAIS VAUT MIEUX USER DE LA TOILE QUE CASSER SON BATEAU.
TU METS LES BOUCHONS D'OREILLES, BEAUCOUP D'ANGLE À LA BANNETTE, BOTTES-CIRÉ DANS LE SAC DE COUCHAGE ET PUIS T'ATTENDS. DES HEURES, PARFOIS DES JOURS. TU PEUX PAS FAIRE GRAND-CHOSE DANS CES CONDITIONS.
TU SUBIS, TU TIENS, T'ATTENDS.

ROMAIN ATTANASIO

LOUIS BURTON

UN COUP À JOUER ? C'EST UNE OPTION QUI TE DEMANDE UN INVESTISSEMENT FORT, UNE TRAJECTOIRE SANS ÉCHAPPATOIRE.

SUR TON LOGICIEL DE ROUTAGE SE DESSINE LE CHEMIN LE PLUS RAPIDE ENTRE 2 POINTS. SAUF QUE T'ANALYSES QUE POUR QU'IL NE SE REFERME PAS, CE CHEMIN, IL FAUT QUE LES PRÉVISIONS SOIENT PILE-POIL JUSTES ET QUE TU SOIS PARFAITEMENT DANS LES TEMPS PRÉVUS. SI T'AS UNE CASSE QUI TE RALENTIT OU SI LA PRÉVISION DANS LE MOINDRE SECTEUR DE LA ROUTE S'AVÈRE DIFFÉRENTE, TU TE RETROUVERAS BLOQUÉ.
ALORS TU ENVISAGES D'AUTRES CHEMINS OÙ LES PRÉVISIONS TE PARAISSENT PLUS FIABLES, OÙ LES VENTS SONT PLUS INSTALLÉS, OU SI TU CASSES OU MOLLIS UN MOMENT ÇA NE SERA PAS LA FIN DU PARCOURS.

RÉSULTAT, SUR TON ÉCRAN SE DESSINENT PLEIN DE POSSIBILITÉS DE ROUTES. IL FAUT ALORS QUE TU SOIS CLAIR SUR TON OBJECTIF DU MOMENT : RESTER DEVANT LES AUTRES ? EN RATTRAPER ? TE FAIRE LA MALLE ? PARCE QUE C'EST PAS LE MÊME SCÉNARIO TOUT ÇA ! ET LÀ SEULEMENT, ÇA Y EST, T'AS LES CARTES EN MAIN : À TOI DE DÉCIDER DE LA PARTITION QUE TU VEUX JOUER.

À CE JEU, FAUT RECONNAÎTRE QUE **CHARLIE DALIN** EST VRAIMENT BON. IL SAIT SE METTRE DANS LES BONNES CONDITIONS POUR JOUER SANS PRENDRE TROP DE RISQUES. C'EST UN COMBO PAS FACILE À RÉALISER.

YANNICK BESTAVEN, LUI, ÉTAIT EN TÊTE À L'ENTRÉE DU PACIFIQUE. SI T'ES À ARMES ÉGALES, LA LOGIQUE TE DICTE D'ASSURER TA PLACE. RIEN NE SERT DE PRENDRE TROP DE RISQUES. MAIS SUR LE PAPIER, SON BATEAU ÉTAIT MOINS PERFORMANT QUE SES DEUX POURSUIVANTS. ALORS T'AS PEUT-ÊTRE INTÉRÊT À PRENDRE DES RISQUES POUR AUGMENTER TON AVANCE PARCE QU'AVEC LEURS BOLIDES, TÔT OU TARD, ILS TE REPRENDRONT DES MILLES. SAUF QUE, À CE STADE DE LA COURSE, SON BATEAU SEMBLAIT MOINS CABOSSÉ QUE LES DEUX AUTRES ET ÇA, FAUT PAS SE LEURRER, C'EST DU TALENT. MAIS N'EMPÊCHE, COMMENT TU JAUGES LES FORCES EN PRÉSENCE QUAND CHAQUE MARIN CACHE SES DÉBOIRES POUR JUSTEMENT NE PAS DONNER DE BILLES D'ANALYSE AUX AUTRES ?...
CE QUE L'ON SAIT, C'EST QUE **YANNICK** ÉTAIT TOUJOURS EN TÊTE AU HORN, AVEC UNE AVANCE QUI S'ÉTAIT LÉGÈREMENT ACCRUE SUR SON DAUPHIN. BELLE PARTITION.

THOMAS RUYANT A EU DES PROBLÈMES, DES CASSES, DES ENTRÉES D'EAU QUI LUI ONT POMPÉ SON ÉNERGIE ET FAIT RATER DES OPPORTUNITÉS. IL LE DIT LUI-MÊME : "J'AI PAS RÉUSSI À BIEN DORMIR. J'AI FAIT DES PETITES ERREURS DE TRAJECTOIRE, C'EST DIFFICILE DE RÉFLÉCHIR SANS SOMMEIL. LA PART DE GESTION DU MARIN EST ÉNORME DANS LA RÉUSSITE D'UNE COURSE."

SI T'ES EN POSITION D'ALLER CHERCHER LA GAGNE, TA STRATÉGIE C'EST D'ALLER TOUJOURS PLUS AVANT. SI T'ES À UNE PLACE VRAIMENT PAS FAMEUSE PAR RAPPORT À CE QUE TU ESPÉRAIS, TU DOIS DÉCIDER SI ÇA A ENCORE DU SENS DE REMONTER LA FLOTTE AU RISQUE DE CASSER ET NE PAS FINIR. MAIS POUR LA GRANDE MAJORITÉ DES MARINS, DANS LE PACIFIQUE, CE N'EST PAS ÇA QUI SE JOUE.

ON N'EST PAS À UNE PLACE PRÈS, C'EST PAS LE MOMENT POUR ÇA. IL FAUT ESSAYER DE SE GÉRER, TOI ET LE BATEAU. L'OBJECTIF, C'EST D'ÊTRE EN PAS TROP MAUVAIS ÉTAT AU CAP HORN. ET APRÈS... SUR LA REMONTÉE DE L'ATLANTIQUE... TU SAIS QU'IL Y AURA DES CARTES À JOUER.

TON OBJECTIF EST D'ARRIVER REPOSÉ ET AVEC UN BATEAU EN BONNE FORME AU HORN. APRÈS, TU JETTERAS TOUTES TES FORCES. TU TE PRÉPARES À CE QUE ÇA CASSE PETIT À PETIT ET QUE TU SOIS SANS ARRÊT SUR LES ROUTAGES ET LES RÉGLAGES, QUE TU SOIS EN GROSSE DETTE DE SOMMEIL. LE GRAND SUD, TU LE TENTES EN PANTOUFLES ET APRÈS...

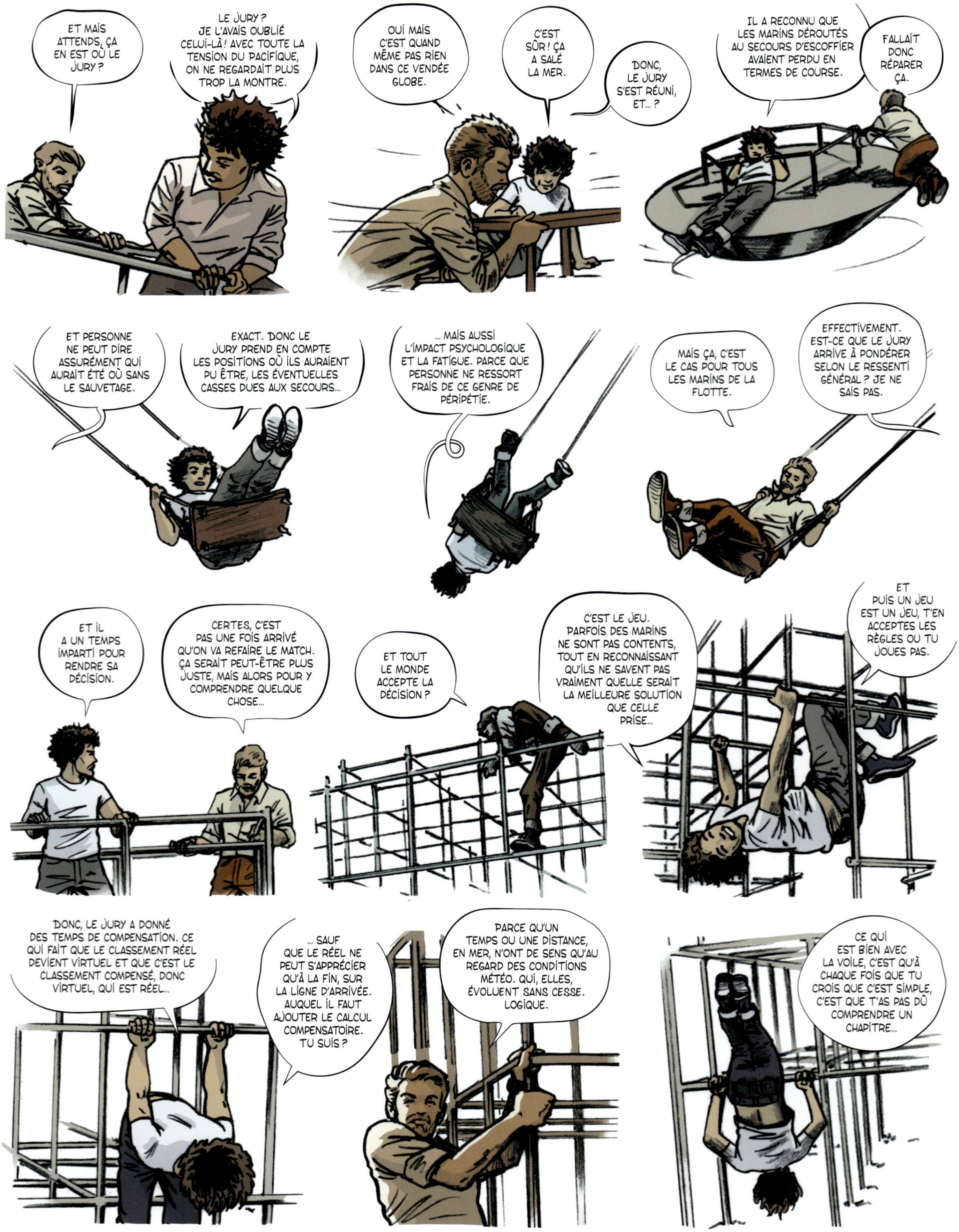
ET MAIS ATTENDS, ÇA EN EST OÙ LE JURY ?
LE JURY ? JE L'AVAIS OUBLIÉ CELUI-LÀ ! AVEC TOUTE LA TENSION DU PACIFIQUE, ON NE REGARDAIT PLUS TROP LA MONTRE.
OUI MAIS C'EST QUAND MÊME PAS RIEN DANS CE VENDÉE GLOBE.
C'EST SÛR ! ÇA A SALÉ LA MER.
DONC, LE JURY S'EST RÉUNI, ET... ?
IL A RECONNU QUE LES MARINS DÉROUTÉS AU SECOURS D'ESCOFFIER AVAIENT PERDU EN TERMES DE COURSE.
FALLAIT DONC RÉPARER ÇA.
ET PERSONNE NE PEUT DIRE ASSURÉMENT QUI AURAIT ÉTÉ OÙ SANS LE SAUVETAGE.
EXACT. DONC LE JURY PREND EN COMPTE LES POSITIONS OÙ ILS AURAIENT PU ÊTRE, LES ÉVENTUELLES CASSES DUES AUX SECOURS...
... MAIS AUSSI L'IMPACT PSYCHOLOGIQUE ET LA FATIGUE. PARCE QUE PERSONNE NE RESSORT FRAIS DE CE GENRE DE PÉRIPÉTIE.
MAIS ÇA, C'EST LE CAS POUR TOUS LES MARINS DE LA FLOTTE.
EFFECTIVEMENT. EST-CE QUE LE JURY ARRIVE À PONDÉRER SELON LE RESSENTI GÉNÉRAL ? JE NE SAIS PAS.
ET IL A UN TEMPS IMPARTI POUR RENDRE SA DÉCISION.
CERTES, C'EST PAS UNE FOIS ARRIVÉ QU'ON VA REFAIRE LE MATCH. ÇA SERAIT PEUT-ÊTRE PLUS JUSTE, MAIS ALORS POUR Y COMPRENDRE QUELQUE CHOSE...
ET TOUT LE MONDE ACCEPTE LA DÉCISION ?
C'EST LE JEU. PARFOIS DES MARINS NE SONT PAS CONTENTS, TOUT EN RECONNAISSANT QU'ILS NE SAVENT PAS VRAIMENT QUELLE SERAIT LA MEILLEURE SOLUTION QUE CELLE PRISE...
ET PUIS UN JEU EST UN JEU, T'EN ACCEPTES LES RÈGLES OU TU JOUES PAS.
DONC, LE JURY A DONNÉ DES TEMPS DE COMPENSATION. CE QUI FAIT QUE LE CLASSEMENT RÉEL DEVIENT VIRTUEL ET QUE C'EST LE CLASSEMENT COMPENSÉ, DONC VIRTUEL, QUI EST RÉEL...
... SAUF QUE LE RÉEL NE PEUT S'APPRÉCIER QU'À LA FIN, SUR LA LIGNE D'ARRIVÉE. AUQUEL IL FAUT AJOUTER LE CALCUL COMPENSATOIRE. TU SUIS ?
PARCE QU'UN TEMPS OU UNE DISTANCE, EN MER, N'ONT DE SENS QU'AU REGARD DES CONDITIONS MÉTÉO. QUI, ELLES, ÉVOLUENT SANS CESSE. LOGIQUE.
CE QUI EST BIEN AVEC LA VOILE, C'EST QU'À CHAQUE FOIS QUE TU CROIS QUE C'EST SIMPLE, C'EST QUE T'AS PAS DÛ COMPRENDRE UN CHAPITRE...

FAUT SE RENDRE COMPTE QU'ÊTRE DEVANT, DANS UNE COMPÉTITION DE CETTE INTENSITÉ, ÇA SIGNIFIE NAVIGUER À UN TRÈS HAUT POTENTIEL DE SON BATEAU, SANS RELÂCHE, PENDANT PRESQUE 3 MOIS, 24H/24. ET C'EST TELLEMENT DUR D'ÊTRE AU MAX TOUT LE TEMPS AUSSI LONGTEMPS ET EN PLUS DANS CES MERS.
ON A TOUS LES SENS EN PERMANENCE EN ÉVEIL. LE SUD, C'EST UN ÉTAT D'ESPRIT. QUAND J'Y SUIS, QUE JE LE VIS, SI TU ME DEMANDES, JE VAIS TE DIRE QUE JE PRÉFÉRERAIS ÊTRE AILLEURS, AU CALME, SANS PRESSION NI STRESS, SANS PEUR. MAIS QUAND JE SUIS DE RETOUR À TERRE, JE ME SOUVIENS DE CET ÉTAT PHYSIQUE ET MENTAL. LE SENTIMENT D'ÊTRE VIVANT.
LA SEMAINE DERNIÈRE, C'ÉTAIENT 7 MÈTRES DE CREUX DÉFERLANT. LÀ ON EST PLUTÔT À 4 MÈTRES SANS VRAIMENT QUE ÇA DÉFERLE, ÇA VA, C'EST COOL.
EN FAIT, ON DIT N'IMPORTE QUOI EN ÉTANT ICI. 4 MÈTRES, C'EST PAS COOL.
QUAND T'ES DANS LE PIRE, L'UN PEU MOINS DUR, C'EST LA RÉCRÉ.

GIANCARLO PEDOTE
LE CIEL, C'EST "BLEU GRAND SUD".
C'EST UNE TONALITÉ QUI N'EXISTE PAS DANS L'ÉCHELLE DES COULEURS. MAIS À PARTIR D'AUJOURD'HUI, JE DÉCIDE QUE ÇA EXISTE ET QUE C'EST CELLE-LÀ. C'EST UN BLEU À LA FOIS DÉLAVÉ ET DENSE, SUPER LUMINEUX ET TELLEMENT IMMENSE, TELLEMENT PROCHE DU GRIS.
JE VAIS DÉPOSER CE NOM : BLEU GRAND SUD™. C'EST UNIQUE À ICI, JE PENSE.
CLASSEMENT AU CAP HORN
1 YANNICK BESTAVEN 55 J 22 MIN LE 2 JANVIER 2021 (-10 H 15)
2 CHARLIE DALIN 55 J 15 H 19 MIN
3 THOMAS RUYANT 56 J 11 H 20 MIN
4 DAMIEN SEGUIN 56 J 13 H 20 MIN
5 BENJAMIN DUTREUX 57 J 1 H 32 MIN
6 LOUIS BURTON 57 J 3 H 54 MIN
7 JEAN LE CAM 57 J 6 H 58 MIN (-16 H, SOIT LA 5e PLACE)
8 MAXIME SOREL 57 J 10 H 56 MIN
9 GIANCARLO PEDOTE 57 J 11 H 52 MIN
10 BORIS HERRMANN 57 J 13 H 7 MIN (-6 H, SOIT LA 8e PLACE)
11 ISABELLE JOSCHKE 57 J 14 H 41 MIN

J'AI UN BONNET PROPRE QUE JE GARDE POUR L'INTÉRIEUR DU BATEAU. ET UN BONNET SALÉ POUR LE DEHORS.
12 CLARISSE CRÉMER 58 J 8 H 58 MIN
13 ARMEL TRIPON 58 J 18 H 41 MIN
14 ROMAIN ATTANASIO 59 J 16 H 25 MIN
15 ARNAUD BOISSIÈRES 63 J 22 H 15 MIN
16 ALAN ROURA 63 J 23 H 41 MIN
17 JÉRÉMIE BEYOU 64 J 2 H 14 MIN
18 PIP HARE 64 J 12 H 36 MIN
19 STÉPHANE LE DIRAISON 65 J 23 H 43 MIN
20 DIDAC COSTA 66 J 2 H 42 MIN
21 KOJIRO SHIRAISHI 66 J 3 H 43 MIN
22 MANUEL COUSIN 67 J 10 H 18 MIN
23 MIRANDA MERRON 69 J 20 H 3 MIN
24 CLÉMENT GIRAUD 69 J 22 H 34 MIN
25 ALEXIA BARRIER 77 J 8 H 35 MIN
26 ARI HUUSELA 77 J 11 H 59 MIN LE 25 JANVIER 2021.

* PRESQUE 150 KM.

ET C'EST DONC UNE ROUTE TRÈS À L'EST QUI SE DESSINE À LA SORTIE DU PACIFIQUE. IL Y A UN GROS ANTICYCLONE COLLÉ À L'ARGENTINE QU'IL FAUT CONTOURNER. ET C'EST **THOMAS RUYANT** QUI FAIT LA BONNE OPÉRATION EN RESTANT, LUI, À L'OUEST. IL REVIENT FORT SUR **CHARLIE**. TANDIS QUE LE RESTE DE LA TROUPE S'ENGLUE DANS CE FAMEUX ANTICYCLONE QUI LES BLOQUE TRÈS AU SUD. ET **YANNICK** S'ENVOLE AVEC PLUS DE 400 NM D'AVANCE.

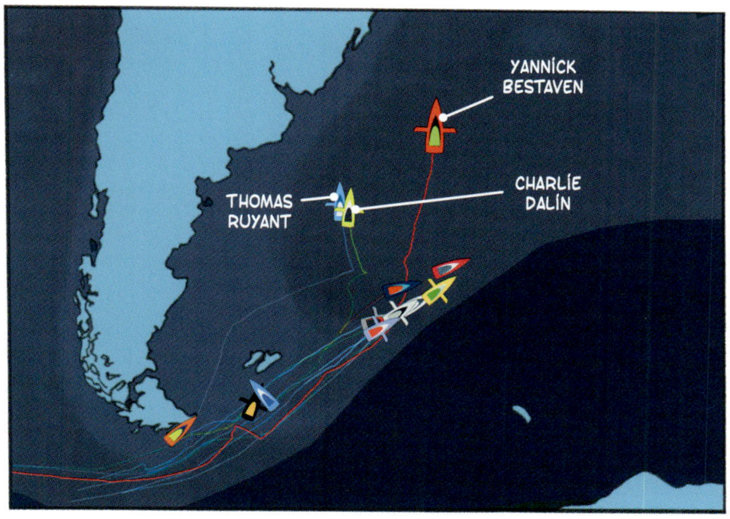

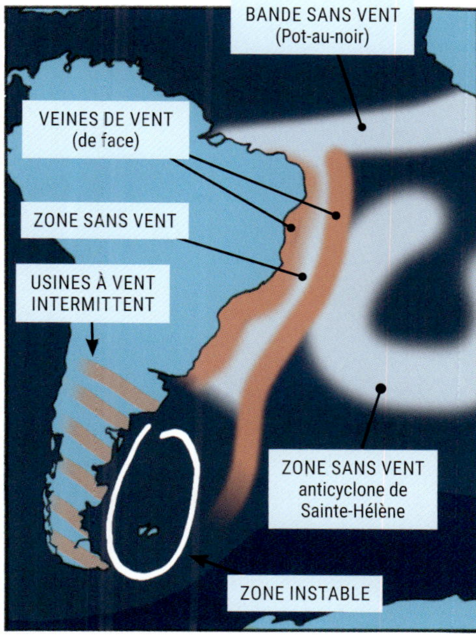

C'EST TOUJOURS LA TANNÉE CES CÔTES D'AMÉRIQUE DU SUD. L'ARGENTINE EST UN VÉRITABLE FOYER DE PHÉNOMÈNES MÉTÉO AVEC SON PLATEAU PATAGONIQUE TRÈS CHAUD QUI BORDE L'OCÉAN, PLUS FROID. C'EST UNE FABRIQUE À DÉPRESSIONS ET ANTICYCLONES. IMPOSSIBLE D'ANTICIPER SEREINEMENT À LONG TERME.

ET LE LONG DU BRÉSIL, ON A (TRÈS) SCHÉMATIQUEMENT UNE VEINE DE VENT, DE FACE, LE LONG DE LA CÔTE, ASSEZ STABLE, OÙ IL FAUT SLALOMER ENTRE DES PLATES-FORMES À PÉTROLE ET DES BATEAUX DE PÊCHE. ET UNE AUTRE VEINE DE VENT, TOUJOURS DE FACE, PLUS AU LARGE, MOINS STABLE, COINCÉE ENTRE DEUX ANTICYCLONES.

ET LA FLOTTE DES POURSUIVANTS JUSTEMENT, ELLE EN EST OÙ ?
MACSF
ISABELLE JOSCHKE A JETÉ L'ÉPONGE. DEPUIS SON DÉPART, ELLE S'INTERROGEAIT SUR ELLE-MÊME, SUR L'IDÉE DE COURSE, DE PERFORMANCE, DE SUPER-HÉROS ET SUPER-HÉROÏNES. UN RÉGAL À SUIVRE. D'AUTANT QUE SPORTIVEMENT, C'ÉTAIT SUPERBE. ABONNÉE AU TOP 10 SUR SON BATEAU DE 2007.
MACSF
MAIS AU LARGE DE LA PAMPA ARGENTINE, LA QUILLE A VOULU SE FAIRE LA MALLE, IMPOSSIBLE À RÉPARER EN MER. ELLE A DÛ RALLIER UN PORT POUR SÉCURISER LE SYSTÈME ET REPARTIR HORS COURSE.
ET CELUI QUE L'ON REMARQUE, C'EST LOUIS BURTON. IL REFAIT À PEU PRÈS LE MÊME COUP QUE LORS DU VENDÉE GLOBE PRÉCÉDENT. IL EST DANS LE PELOTON DE TÊTE, DANS LE TOP 10. IL EST BON MAIS IL NE FAIT PAS PEUR, UN CONCURRENT POLI. ET ALLEZ SAVOIR COMMENT, À UN MOMENT DE LA COURSE, IL MANGE UNE ANTILOPE SAUCE TIGRE ET IL DÉCOLLE ! LORS DE CE VENDÉE, C'EST PEU APRÈS LE HORN QU'IL INSTALLE LE TURBO. IL VA VITE, SOUVENT PLUS QUE LES AUTRES, ET SURTOUT JAMAIS MOINS.
À LA LATITUDE DE RIO, ON A DONC UN PAQUET DE 4 : BESTAVEN, DALIN, BURTON, RUYANT. PUIS UN PETIT TROU ET SEGUIN*, HERRMANN, DUTREUX*, PEDOTE ET LE CAM*. LES ASTÉRISQUES SONT POUR LES BATEAUX SANS FOILS. PUIS APRÈS ÇA S'ÉPARPILLE, LES 16 AUTRES BATEAUX ENCORE EN COURSE S'ÉTIRENT JUSQU'À ARI HUUSELA ET ALEXIA BARRIER QUI VIENNENT D'ATTAQUER LE PACIFIQUE, 10 000 KM DERRIÈRE.
COURSE DE VITESSE ! DALIN TIRE TOUT LE MONDE DERRIÈRE LUI. BURTON S'ACCROCHE, HERRMANN SAUTE DANS LE WAGON, RUYANT TIRE LA LANGUE, FAUT CROIRE QUE NAVIGUER AVEC UN FOIL COUPÉ EST MOINS EFFICACE. ET VOILÀ QUE BESTAVEN SE FAIT DÉCROCHER ! IL EST 5e.

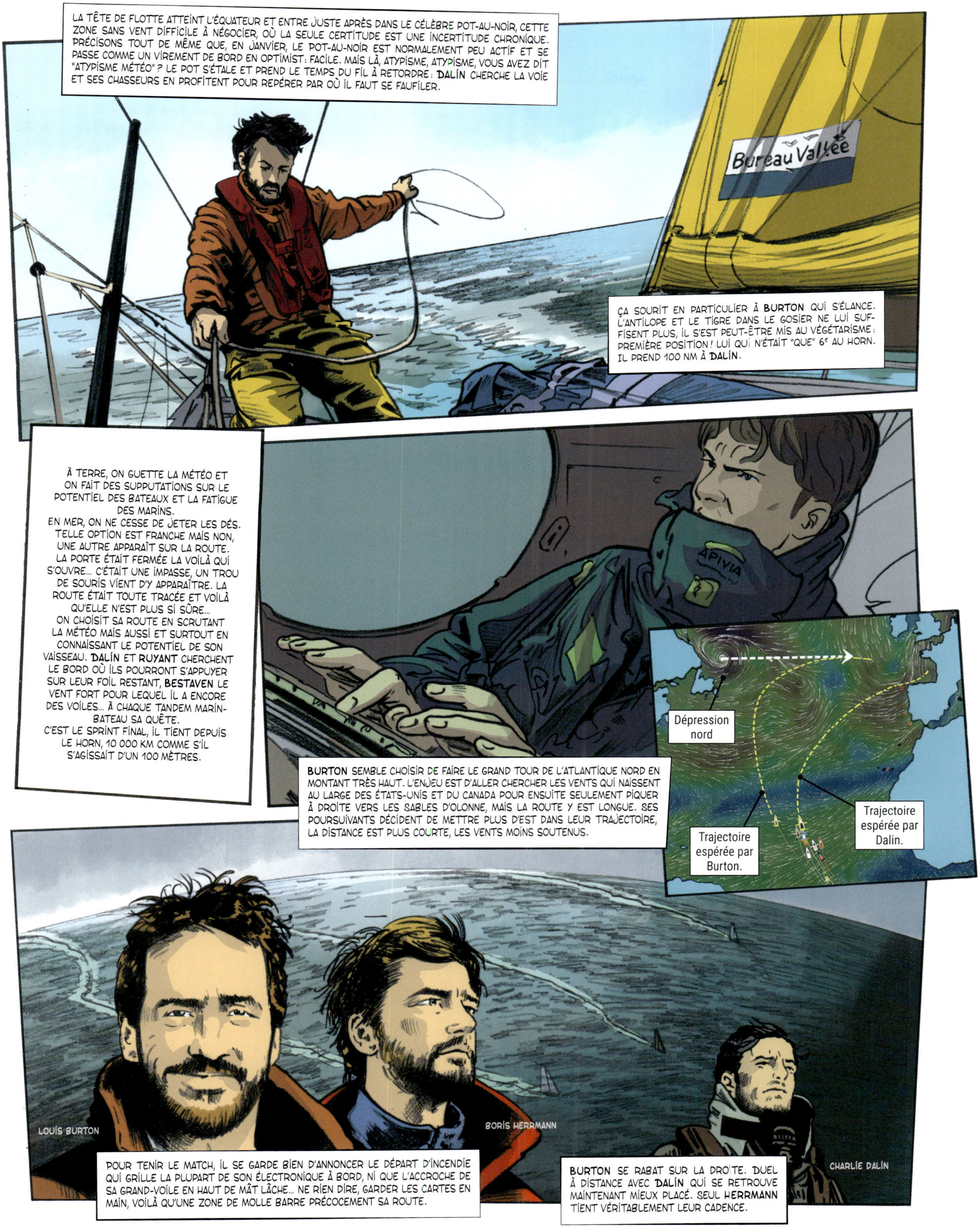
LA TÊTE DE FLOTTE ATTEINT L'ÉQUATEUR ET ENTRE JUSTE APRÈS DANS LE CÉLÈBRE POT-AU-NOIR, CETTE ZONE SANS VENT DIFFICILE À NÉGOCIER, OÙ LA SEULE CERTITUDE EST UNE INCERTITUDE CHRONIQUE. PRÉCISONS TOUT DE MÊME QUE, EN JANVIER, LE POT-AU-NOIR EST NORMALEMENT PEU ACTIF ET SE PASSE COMME UN VIREMENT DE BORD EN OPTIMIST : FACILE. MAIS LÀ, ATYPISME, ATYPISME, VOUS AVEZ DIT "ATYPISME MÉTÉO" ? LE POT S'ÉTALE ET PREND LE TEMPS DU FIL À RETORDRE : DALIN CHERCHE LA VOIE ET SES CHASSEURS EN PROFITENT POUR REPÉRER PAR OÙ IL FAUT SE FAUFILER.
Bureau Vallée
ÇA SOURIT EN PARTICULIER À BURTON QUI S'ÉLANCE. L'ANTILOPE ET LE TIGRE DANS LE GOSIER NE LUI SUFFISENT PLUS, IL S'EST PEUT-ÊTRE MIS AU VÉGÉTARISME : PREMIÈRE POSITION ! LUI QUI N'ÉTAIT "QUE" 6e AU HORN. IL PREND 100 NM À DALIN.
À TERRE, ON GUETTE LA MÉTÉO ET ON FAIT DES SUPPUTATIONS SUR LE POTENTIEL DES BATEAUX ET LA FATIGUE DES MARINS. EN MER, ON NE CESSE DE JETER LES DÉS. TELLE OPTION EST FRANCHE MAIS NON, UNE AUTRE APPARAÎT SUR LA ROUTE. LA PORTE ÉTAIT FERMÉE LA VOILÀ QUI S'OUVRE… C'ÉTAIT UNE IMPASSE, UN TROU DE SOURIS VIENT D'Y APPARAÎTRE. LA ROUTE ÉTAIT TOUTE TRACÉE ET VOILÀ QU'ELLE N'EST PLUS SI SÛRE… ON CHOISIT SA ROUTE EN SCRUTANT LA MÉTÉO MAIS AUSSI ET SURTOUT EN CONNAISSANT LE POTENTIEL DE SON VAISSEAU. DALIN ET RUYANT CHERCHENT LE BORD OÙ ILS POURRONT S'APPUYER SUR LEUR FOIL RESTANT, BESTAVEN LE VENT FORT POUR LEQUEL IL A ENCORE DES VOILES… À CHAQUE TANDEM MARIN-BATEAU SA QUÊTE. C'EST LE SPRINT FINAL, IL TIENT DEPUIS LE HORN, 10 000 KM COMME S'IL S'AGISSAIT D'UN 100 MÈTRES.
APIVIA
BURTON SEMBLE CHOISIR DE FAIRE LE GRAND TOUR DE L'ATLANTIQUE NORD EN MONTANT TRÈS HAUT. L'ENJEU EST D'ALLER CHERCHER LES VENTS QUI NAISSENT AU LARGE DES ÉTATS-UNIS ET DU CANADA POUR ENSUITE SEULEMENT PIQUER À DROITE VERS LES SABLES D'OLONNE, MAIS LA ROUTE Y EST LONGUE. SES POURSUIVANTS DÉCIDENT DE METTRE PLUS D'EST DANS LEUR TRAJECTOIRE, LA DISTANCE EST PLUS COURTE, LES VENTS MOINS SOUTENUS.
Dépression nord
Trajectoire espérée par Burton.
Trajectoire espérée par Dalin.
LOUIS BURTON
BORIS HERRMANN
CHARLIE DALIN
POUR TENIR LE MATCH, IL SE GARDE BIEN D'ANNONCER LE DÉPART D'INCENDIE QUI GRILLE LA PLUPART DE SON ÉLECTRONIQUE À BORD, NI QUE L'ACCROCHE DE SA GRAND-VOILE EN HAUT DE MÂT LÂCHE… NE RIEN DIRE, GARDER LES CARTES EN MAIN, VOILÀ QU'UNE ZONE DE MOLLE BARRE PRÉCOCEMENT SA ROUTE.
BURTON SE RABAT SUR LA DROITE. DUEL À DISTANCE AVEC DALIN QUI SE RETROUVE MAINTENANT MIEUX PLACÉ. SEUL HERRMANN TIENT VÉRITABLEMENT LEUR CADENCE.

ILS ENROULENT L'ANTICYCLONE DES AÇORES. DALIN 1, BURTON 2, HERRMANN 3, RUYANT 4, BESTAVEN 5, SEGUIN 6, PEDOTE 7 ET PUIS ÇA S'EFFILOCHE.
Linked out
AU LARGE DE L'ESPAGNE, C'EST L'EXPLOSION ! UNE, PUIS DEUX, PUIS TROIS OPTIONS SONT COURUES PAR LES MARINS. DALIN SE RAPPROCHE DE LA CÔTE, BURTON GARDE SES DISTANCES, HERRMANN EST ENTRE LES DEUX TANDIS QU'UN PAQUET ENTREPREND L'OPTION NORD AVEC RUYANT ET BESTAVEN À SA TÊTE. SI PRÈS DE L'ARRIVÉE, AVOIR DES TRAJECTOIRES AUSSI DIFFÉRENTES ET AUSSI PEU D'ÉCART ENTRE LES BATEAUX, AVIONS-NOUS DÉJÀ CONNU CELA ? APRÈS UN TOUR DE PLANÈTE, NON.
ON SE MET À REGARDER NOS MONTRES ET FAIRE DES CALCULS. BESTAVEN A SES 10 H DE RÉCUP, HERRMANN 6 H, QUANT À LE CAM QUI S'EST FAIT UN PEU DISTANCER, EN 8e POSITION, À 300 NM DU TROISIÈME, AVEC 16 H À DÉCOMPTER, LE VERRA-T-ON TOUT DE MÊME SUR LE PODIUM ?
LOUIS BURTON
BORIS HERRMANN
BURTON, RUYANT ET BESTAVEN SONT REMONTÉS NON LOIN DE LA LATITUDE DE BREST ET S'APPRÊTENT À UNE LIGNE DROITE JUSQU'AUX SABLES D'OLONNE TANDIS QUE DALIN ET HERRMANN VIENNENT DE DOUBLER LE CAP FINISTÈRE, LA POINTE DE L'ESPAGNE. ILS SONT TOUS LES DEUX PLUS PROCHES DE L'ARRIVÉE, MAIS AVEC UN ANGLE DE VENT MOINS FAVORABLE AUX 3 QUI MENACENT DE LEUR TOMBER DESSUS PAR AU-DESSUS.
Prysmian Group
GIANCARLO PEDOTE

À TERRE, ON FAIT FUMER LES ROUTAGES, ON SYNCHRONISE NOS MONTRES. QUI ARRIVERA PREMIER ? LES JEUX SEMBLENT FAITS, ON AURA **DALIN** SUR LA LIGNE, PUIS **BURTON**, **HERRMANN**, **RUYANT**, **BESTAVEN**... À 200 NM DE L'ARRIVÉE LE PODIUM SE JOUE ENCORE ENTRE 7 BATEAUX, APRÈS PLUS DE 28 000 NM PARCOURUS, 50 000 KM.
MAIS NON ! **BORIS HERRMANN** TAPE UN BATEAU DE PÊCHE ! IMPROBABLE. C'EST DIRE LE NIVEAU DE FATIGUE DES MARINS. **RUYANT** SERA DEVANT...
BLAM !
Bestaven
Ruyant
Les Sables
Burton
Herrmann
Dalin
LES SABLES D'OLONNE SONT PRIS EN TENAILLE.
BESTAVEN SAIT QUE TOUT VA SE JOUER À QUELQUES HEURES. QUELQUES DIZAINES DE MINUTES. QUAND ON A EN LIGNE DE MIRE UNE VICTOIRE SUR LE VENDÉE GLOBE, ON N'EN EST PLUS AUX PRÉCAUTIONS. IL DÉBOULE SURTOILÉ, GRILLE **RUYANT**, LA TRAJECTOIRE EST RECTILIGNE. ÇA TIRE SUR LE BATEAU ET LE MARIN. **DALIN** NE PEUT FAIRE QUE LES MÊMES CALCULS, ÇA TIRE, MANŒUVRE.

SUR LA LIGNE, LE 27 JANVIER 2021 À 20 H 35, CHARLIE DALIN EST PREMIER ! LOUIS BURTON ARRIVE 4 H APRÈS, 4 PETITES HEURES POUR UN TOUR DU MONDE. ET C'EST YANNICK BESTAVEN QUI FRANCHIT EN TROISIÈME POSITION LA LIGNE, 4 H PLUS TARD. IL AVAIT ENCORE 2 H DE RAB AU CHRONOMÈTRE. BESTAVEN EST PROPULSÉ À LA PREMIÈRE PLACE DU CLASSEMENT !
APIVIA

YANNICK BESTAVEN
REMPORTE LE VENDÉE GLOBE 2020.
CHARLIE DALIN ET LOUIS BURTON SONT RESPECTIVEMENT 2ᵉ ET 3ᵉ. THOMAS RUYANT FRANCHIT LA LIGNE 1 H 30 APRÈS BESTAVEN. PUIS C'EST BORIS HERRMANN QUI FINIT 5 H 30 PLUS TARD ET PASSE DEVANT THOMAS AVEC SES 6 H DE RÉCUP. DAMIEN SEGUIN, PREMIER DES BATEAUX SANS FOILS, PASSE LA LIGNE 16 H APRÈS DALIN. PUIS C'EST AU TOUR DE GIANCARLO PEDOTE ET VOICI QUE DÉBOULE L'INCROYABLE JEAN LE CAM, 8ᵉ SUR LA LIGNE ET QUI AVEC SON TEMPS CONSACRÉ AU SAUVETAGE SE CLASSE EN 4ᵉ POSITION !

LE 5 MARS À 8 H 35, 36 JOURS APRÈS CHARLIE DALIN, EN 25ᵉ ET DERNIÈRE POSITION, ARI HUUSELA EN TERMINERA LUI AUSSI AVEC SON TOUR DU MONDE. SEULEMENT 8 BATEAUX SUR 33 AU DÉPART N'AURONT PAS FINI LA COURSE. ISABELLE JOSCHKE ET SAMANTHA DAVIES, HORS COURSE PUISQUE AYANT FAIT ESCALE, BOUCLERONT LA BOUCLE ENTRE LES 23ᵉ ET 24ᵉ PLACES.

ARRIVÉES SUR LA LIGNE

2.	Charlie Dalin	27 janvier	20 h 35
3.	Louis Burton	28 janvier	00 h 45
1.	Yannick Bestaven	28 janvier	04 h 19
6.	Thomas Ruyant	28 janvier	05 h 42
5.	Boris Herrmann	28 janvier	11 h 19
7.	Damien Seguin	28 janvier	12 h 18
8.	Giancarlo Pedote	28 janvier	13 h 02
4.	Jean Le Cam	28 janvier	20 h 19
9.	Benjamin Dutreux	29 janvier	10 h 05
10.	Maxime Sorel	30 janvier	04 h 50
11.	Armel Tripon	1er février	07 h 27
12.	Clarisse Crémer	3 février	16 h 44
13.	Jérémie Beyou	6 février	09 h 15
14.	Romain Attanasio	6 février	17 h 06
15.	Arnaud Boissières	11 février	08 h 56
16.	Kojiro Shiraishi	11 février	11 h 52
17.	Alan Roura	11 février	20 h 29
18.	Stéphane Le Diraison	11 février	22 h 36
19.	Pip Hare	12 février	01 h 57
20.	Didac Costa	13 février	20 h 47
21.	Clément Giraud	16 février	10 h 28
22.	Miranda Merron	17 février	23 h 16
23.	Manuel Cousin	20 février	08 h 35
24.	Alexia Barrier	28 février	07 h 24
25.	Ari Huusela	5 mars	08 h 35
-	Isabelle Joschke	24 février	HORS COURSE
-	Samantha Davies	26 février	HORS COURSE

VENDÉE GLOBE 2020-2021

1.	Yannick Bestaven	80 j 03 h 44 min	2	1	2015	f	bonification de 10 h 15 min
2.	Charlie Dalin	80 j 06 h 15 min	1	1	2019	f	
3.	Louis Burton	80 j 10 h 25 min	3	2	2015	f	
4.	Jean Le Cam	80 j 13 h 44 min	5	4	2007		bonification de 16 h 15 min
5.	Boris Herrmann	80 j 14 h 59 min	1	1	2015	f	bonification de 6 h
6.	Thomas Ruyant	80 j 15 h 22 min	2	1	2019	f	
7.	Damien Seguin	80 j 21 h 58 min	1	1	2008		
8.	Giancarlo Pedote	80 j 22 h 42 min	1	1	2015	f	
9.	Benjamin Dutreux	81 j 19 h 45 min	1	1	2007		
10.	Maxime Sorel	82 j 14 h 30 min	1	1	2007		
11.	Armel Tripon	84 j 19 h 07 min	1	1	2020	f	
12.	Clarisse Crémer	87 j 02 h 24 min	1	1	2011		
13.	Jérémie Beyou	89 j 18 h 55 min	4	2	2018	f	
14.	Romain Attanasio	90 j 02 h 46 min	2	2	2007		
15.	Arnaud Boissières	94 j 18 h 36 min	4	4	2007	f	
16.	Kojiro Shiraishi	94 j 21 h 32 min	2	1	2019	f	
17.	Alan Roura	95 j 06 h 09 min	2	2	2007	f	
18.	Stéphane Le Diraison	95 j 08 h 16 min	2	1	2007	f	
19.	Pip Hare	95 j 11 h 37 min	1	1	1999		
20.	Didac Costa	97 j 06 h 27 min	2	2	2000		
21.	Clément Giraud	99 j 20 h 08 min	1	1	2006		
22.	Miranda Merron	101 j 08 h 56 min	1	1	2006		
23.	Manuel Cousin	103 j 18 h 15 min	1	1	2007		
24.	Alexia Barrier	111 j 17 h 03 min	1	1	1998		
25.	Ari Huusela	116 j 18 h 15 min	1	1	2007		

Nombre de participations | Nombre d'arrivées | Année de construction du bateau
f : bateaux munis de foils, les bateaux à foils pré-2013 sont tous des "dérives droites" modifiés.

ABANDONS

Isabelle Joschke à la latitude de Comodoro Rivadavia, Argentine (remontée), alors en 11e position, finit son tour du monde après réparation à terre : 1re participation : 1 arrivée hors course : bateau 2007 : foils

Sébastien Destremau à la longitude de la Nouvelle-Zélande, alors en 26e position : 2e participation : 1 arrivée : bateau 2005

Sébastien Simon à la longitude du cap de Bonne-Espérance, alors en 4e position : 1re participation : bateau 2019 : foils : participe au sauvetage d'Escoffier

Samantha Davies peu avant la longitude du cap de Bonne-Espérance, alors en 11e position, finit son tour du monde après réparation à terre : 3e participation : 1 arrivée + 1 hors course : bateau 2010 : foils

Fabrice Amedeo peu avant la longitude du cap de Bonne-Espérance, alors en 21e position : 2e participation : 1 arrivée : bateau 2015 : foils

Kevin Escoffier naufrage peu avant la longitude du cap de Bonne-Espérance, alors en 3e position : 1re participation : bateau 2010 : foils

Alex Thomson à la latitude de São Paulo, Brésil (descente), alors en 1re, 2e, 3e position : 5e participation : 2 arrivées : bateau 2019 : foils

Nicolas Troussel démâtage à la latitude du Cap-Vert (descente), alors en 11e position : 1re participation : bateau 2020 : foils

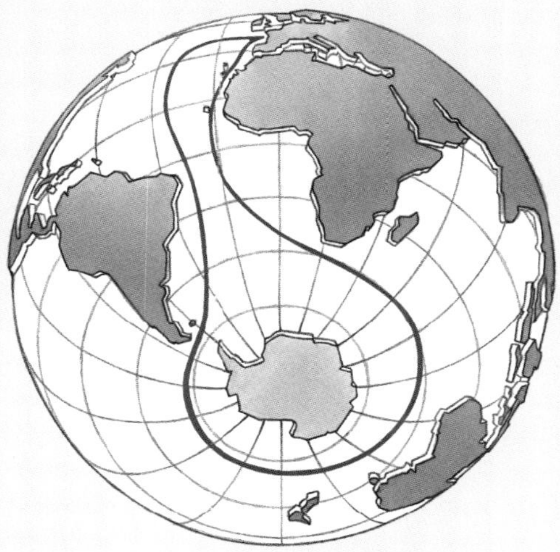

10 NOVEMBRE 2024

VENDÉE GLOBE – 10e ÉDITION

L'HISTOIRE
DU VENDÉE GLOBE

Quand naquit l'idée du Vendée Globe? Certainement avec la naissance du premier humain, tant essayer d'aller voir par-dessus l'horizon semble intrinsèque à notre espèce.

Il y eut, à citer, Magellan, parti en 1519, et dont seuls 30 membres d'équipage – sans lui – revinrent à leur point de départ en 1522. On doit d'ailleurs cette première circumnavigation aux sponsors de l'époque, intéressés par le commerce et ses retombées potentielles. Il y eut ensuite, presque quatre siècles plus tard, Joshua Slocum qui, se lançant en 1895 et pendant trois ans, effectua la première giration à la voile, en solitaire, avec escales et en prenant son bon temps. Il est le père de "l'esprit tourdumondiste". Qu'il en soit jamais ici remercié.
Mais c'est seulement en 1968, soixante-dix ans plus tard, que Robin Knox-Johnston réussira la révolution en solitaire et sans escale, et sera anobli par la reine de Grande-Bretagne : sir RKJ. Citons, par chauvinisme et parce que l'histoire est belle, qu'à quelques jours ou mois près Bernard Moitessier, devançant le sus-cité, aurait pu devenir ce premier marin, mais qu'il décida finalement, lors de sa remontée des Atlantiques, de tourner bride et de poursuivre sa navigation pour un demi-tour supplémentaire : *« Je continue sans escale vers les îles du Pacifique, parce que je suis heureux en mer, et peut-être aussi pour sauver mon âme. »*
En 1968 donc, ce que remporte Knox-Johnston est le Golden Globe Challenge. C'est une compétition sans toutes les caractéristiques d'une compétition moderne. En effet, le départ est du port de son choix, "au-delà du 40e parallèle nord", et à la date de son choix entre le 1er juin et le 31 octobre de l'année en cours. Ce Golden Globe Challenge se rapproche donc autant d'un record que d'une course semblable à celles de nos jours. Et surtout, ce challenge ne fut pas pérennisé.
Il fallut attendre 1973 pour qu'une course autour du monde soit réellement mise en place : la Whitbread – aujourd'hui Ocean Race –, avec escales et en équipage. Puis viendra, en 1982, le Boc Challenge, avec escales toujours, mais en solitaire.
Et c'est lors d'une de ses éditions que des marins sentiront que le temps est venu pour une course autour du monde, en solitaire, sans escale et sans assistance : le Vendée Globe.

1989
1re ÉDITION

Déjà, les cinq piliers du Vendée Globe sont posés : planète, solitaire, sans escale, sans assistance et compétition. Le 26 novembre, au large des Sables d'Olonne, c'est la légende Éric Tabarly qui donne le coup d'envoi, tout un symbole. Ils sont treize à s'élancer et l'ambiance est tout de même à se demander combien en reviendront… De cette édition, on retiendra avant tout que c'est la première, l'inaugurale ! Évidemment aussi, que c'est Titouan Lamazou qui inscrira son nom sur la plus haute marche du podium, après 109 jours de mer, suivi par Loïck Peyron, Jean-Luc Van Den Heede, Philippe Jeantot – également organisateur de la course ! –, Pierre Follenfant, Alain Gautier et Jean-François Coste fermant la marche après 163 jours de mer. Il n'y eut aucune catastrophe, trois marins abandonnèrent et trois finirent hors course après avoir demandé assistance – deux pour problèmes techniques, un pour rage de dents. L'image qui fera le tour du monde est le film du sauvetage de Philippe Poupon par Loïck Peyron : le bateau du premier est sur la tranche et ne se relève pas, pris en remorque et tiré, le voilà droit, mais en trop mauvais état pour continuer le tour. Le premier Vendée Globe sera déjà affaire de médias et d'images.

Note : Vous l'aurez peut-être remarqué, pour différencier les éditions du Vendée Globe, nous avons employé l'année de départ de la course. Le VG 2016 est par exemple l'édition de la course qui est partie en 2016 et qui s'est achevée en 2017. Titouan Lamazou a donc été vainqueur du VG 1989 en 1990.

1992
2e ÉDITION

L'engouement pour le tour du monde est né. Quinze marins sont inscrits pour cette 2e édition qui se révèle être son véritable baptême du feu. Mike Plant, qui a fini la 1re édition hors course, disparaît en mer pendant sa navigation pour rallier Les Sables d'Olonne et le départ de la course. L'ambiance est donc particulièrement lourde le 22 novembre au coup de canon, d'autant que la météo annonce un golfe de Gascogne fortement agité, rude entrée en matière qui s'annonce. Et c'est le pire scénario : Nigel Burgess déclenche ses balises de détresse, son corps est retrouvé flottant au large du cap Finistère dans sa combinaison de survie. On cite toujours les mers du Sud, mais le golfe de Gascogne peut se révéler tout aussi terrible. On pourrait ne retenir que cela de cette tragique édition. Mais ce tour du monde marque aussi l'une des bases de ce qui fait encore aujourd'hui le Vendée Globe : les problèmes techniques apparaissent sur de nombreux bateaux pour lesquels la volonté de performance a commencé à détrôner la recherche de fiabilité. Il y aura six abandons, presque 50 % de la flotte, une moyenne qui deviendra bien vite la norme. En parallèle de ce qui vient d'être relaté, histoire plus amusante, même si pour lui cela n'a pas dû l'être : Bertrand de Broc se blesse au visage et se coupe la langue sérieusement. Pas d'autres solutions, il se la recoud devant un miroir en pleine mer, une nouvelle histoire devenue mythique à l'actif du Vendée Globe. Et à l'arrivée, c'est Alain Gautier, qui n'a plus de radio et donc plus de météo depuis le Horn, qui signe le meilleur temps : 110 jours, plus que le précédent premier, une rareté que l'on retrouvera en 2020. Jean-Luc Van Den Heede le suit en 116 jours et Philippe Poupon clôt le podium en naviguant les derniers jours sous gréement de fortune après avoir démâté. Ne rien lâcher jusqu'au bout est bien l'une des devises de la course.

1996
3e ÉDITION

La course prend son rythme quadriennal et cette 3e édition va s'avérer tout aussi violente que la précédente. Mais un fait est à noter avant même le départ : c'est la 1re édition qui voit s'engager deux femmes dans l'aventure, Catherine Chabaud et Isabelle Autissier. Elles ont un palmarès impressionnant et sont bien là pour la compétition.
Côté technologie, on retrouve des bateaux innovants avec en particulier celui d'Yves Parlier, pourvu d'un mât aile et d'outriggers. Dans la descente de l'Atlantique, un scénario se joue : Christophe Auguin, l'un des favoris, est en troisième position, semblant se faire distancer. *« Être en tête tout de suite ne m'intéresse pas. J'attends mon heure pour libérer toute la puissance. »* C'est alors que le premier, Parlier justement, casse son étai. Auguin accélère, passe Autissier, en deuxième position, et prend la tête de la flotte : un air de duel que l'on retrouvera régulièrement lors des différentes éditions.
Mais cette fois, le Grand Sud va se révéler dramatique. Le bateau de Raphaël Dinelli chavire à plusieurs reprises et finit par lentement couler. Un avion militaire australien repère le marin au milieu des flots, debout sur le pont déjà sous l'eau de son bateau démâté qui s'enfonce inexorablement. L'image restera imprimée dans les rétines. Pete Goss, au prix d'une trajectoire contre le vent, dans une mer démontée, réussit à atteindre la position du marin et à le récupérer à son bord, sauvé ! Mais les accidents s'enchaînent et c'est Tony Bullimore et Thierry Dubois qui se retournent. L'un reste enfermé sans pouvoir donner signe de vie autre que sa balise, l'autre se hisse sur sa coque retournée et réussit à faire signe à un avion de secours venu le survoler.
Mais plus loin dans le Pacifique, une tempête dantesque fait rage et Gerry Roufs ne répond plus. Quatre concurrents se lanceront dans un quadrillage de la zone : Marc Thiercelin, Éric Dumont, Bertrand de Broc et Isabelle Autissier, qui affrontera des éléments déchaînés, faisant demi-tour au cœur de la tempête, subissant plusieurs chavirages pour rejoindre la dernière position du navigateur. En vain, Gerry Roufs est porté disparu, son corps ne sera jamais retrouvé.
Côté course, Christophe Auguin est loin devant. Depuis le cap de Bonne-Espérance, il fait cavalier seul, et c'est avec une semaine d'avance sur le deuxième qu'il coupe la ligne aux Sables d'Olonne. L'édition fut dramatique : seize bateaux au départ, six à l'arrivée.

2000
4e ÉDITION

La 4e édition du Vendée Globe marque un tournant : la professionnalisation de la course au large. Si dès ses débuts en 1989 il s'agissait bien d'une régate, le Vendée Globe, par sa dimension hors norme, planétaire et sans escale, devait, avant de pouvoir prendre toute sa dimension de compétition, se laisser découvrir, apprivoiser. Et c'est chose faite en ce début du nouveau millénaire. Les disparitions et les casses des deux précédentes éditions ont amené l'Imoca, l'association qui regroupe les marins de la classe qui participe au Vendée Globe, à définir des règles garantissant, au mieux, la sécurité des bateaux. Ces décisions coïncident avec l'arrivée d'une nouvelle génération de marins en provenance du Figaro où l'on régate au large pendant quelques jours, de la première à la dernière seconde de course, sans jamais rien lâcher. Ils sont là pour la compétition et l'assument pleinement. Vingt-quatre marins se sont inscrits, parmi lesquels citons : Catherine Chabaud à nouveau, Bernard Stamm, Mike Golding, Thomas Coville, Marc Thiercelin, Roland Jourdain et surtout Ellen MacArthur (24 ans !) et Michel Desjoyeaux. Le départ de la course est donné avec quatre jours de retard tant les conditions dans le Gascogne sont déplorables. Et au coup de canon, on assiste à une bataille sur la ligne à qui passera le premier alors qu'il y a un tour du monde devant les étraves ! Il n'est plus question de ménager sa machine, il va falloir cravacher à chaque mille de course. Desjoyeaux, Jourdain et Parlier mènent la danse. Ce dernier, en tête, démâte dans le Sud, il décide de rallier la terre tout en restant en course. Il construit un nouveau mât en respectant les règles de non-assistance et de non-escale et repart. L'aventure prend ses droits et c'est en Robinson des mers qu'il finira avant-avant-dernier aux Sables, entrant dans la légende des "casses-réparations" du Vendée Globe.
Dans le peloton de tête, MacArthur, en 3e position, envoie des images disant que la vie est dure, qu'elle n'en peut plus, que… Certains concurrents comptent les voiles annoncées arrachées par la navigatrice : ils en dénombrent plus qu'elle n'en a à bord ! Certains s'agacent de cette étonnante et peu habituelle communication. En effet, cela fait un moment qu'en course au large, en tête de flotte, on use de ce qu'on appelle communément "la guerre psychologique". Il s'agit d'installer une pression mentale sur ses adversaires. Pour ce faire, les marins commentent leur quotidien par un laconique "tout va bien à bord" : ne rien dévoiler de son jeu, de l'état du bateau, de sa forme physique. Quoi de plus déstabilisant qu'un concurrent affirmant que "tout va bien à bord" alors qu'on est, avec lui, en train d'affronter la pire des tempêtes ? Ellen MacArthur joue ce jeu psychologique, à l'instar de tous les marins en tête de flotte, sauf qu'elle en renverse les cartes : "tout va mal à bord". Deux écoles pour une même pratique de sport de haut niveau.
Mais voilà que Jourdain a un problème de rail de mât. Il ne peut plus naviguer grand-voile haute et MacArthur le passe. Desjoyeaux, en tête, pas épargné par les avaries non plus, n'est pas gâté par la météo dans la remontée des Atlantiques et voit fondre son avance. Au passage de l'équateur, l'écart séparant les deux premiers bateaux est infime, l'engouement du public énorme.
Et le 10 février 2001, c'est Michel Desjoyeaux qui arrive en premier aux Sables, impérial, en 93 jours, explosant pour la première fois la barre mythique des 100 jours. Ellen MacArthur lui succèdera 24 heures plus tard.

2004
5e ÉDITION

Le public a définitivement adopté la course et la foule est au rendez-vous tant au départ qu'à chaque arrivée. Cette édition sera sous le sceau d'un duel, celui entre Vincent Riou, préparateur du bateau de Michel Desjoyeaux lors de l'édition précédente, et Jean Le Cam, déjà triple vainqueur de la Solitaire du Figaro. Les deux marins se battront du début à la fin de l'épreuve, ne se laissant jamais un moment de répit. Seules sept petites heures les sépareront sur la ligne d'arrivée. Vincent Riou fera preuve de maestria quant à sa lecture météo, suivant des trajectoires tranchées sans jamais sembler ciller dans ses décisions. Il utilise pour ce faire un nombre de données importantes par rapport à la plupart de ses adversaires. Il emploie des sources d'informations multiples, européennes et américaines notamment, sachant jauger la fiabilité des informations, les confrontant aux "charts" – relevé statistique des situations météo. Il n'hésite pas, en particulier dans le Sud Pacifique, à rallonger la route en ayant une vision à une semaine et plus de l'évolution des conditions. La finesse de lecture qu'il met alors en œuvre, que l'on doit réaliser seul, sans assistance, deviendra la norme pour les éditions suivantes.

2008
6e ÉDITION

C'est le retour de Michel Desjoyeaux, qui signe un chef-d'œuvre de la course au large alors que le Vendée Globe voit son aura populaire franchir encore un palier.
Sur la deuxième victoire de Michel Desjoyeaux, unique à ce jour, nous ne reviendrons pas, nous l'avons brièvement décrite dans les pages suivantes. Mais de cette édition où tout a semblé au superlatif – 30 marins au départ, 18 abandons –, des histoires se dégagent. Celle de l'accident de Yann Eliès, sauvé par Marc Guillemot et les secours australiens. La joie communicative, l'entrain et la performance sportive d'une – à nouveau – jeune Anglaise : Samantha Davies. Jean Le Cam qui chavire au large du Cap Horn et est secouru par Vincent Riou et Armel Le Cléac'h. Roland Jourdain qui percute une baleine… Des histoires racontées notamment dans les albums *Histoire du Vendée Globe* éditions 2016 et 2020, par les deux mêmes auteurs que ce livre. Et c'est aussi d'ailleurs l'édition où Renaud Garreta et Alexandre Chenet se rencontrent autour du suivi de la course et décident, quelque temps après, de se mettre au travail.
Au final, Desjoyeaux améliore de trois jours encore le temps de la précédente édition et descend la barre à 84 jours et 3 heures.

2012
7e ÉDITION

Si le nombre de marins est moins important que lors de l'édition précédente, la qualité est assurément au rendez-vous. L'expérience cumulée sur la ligne de départ est impressionnante, les récidivistes nombreux : Kito de Pavant, Marc Guillemot, Samantha Davies, Jérémie Beyou, Vincent Riou, Bernard Stamm, Bertrand de Broc, Arnaud Boissières, Dominique Wavre, Mike Golding, Jean Le Cam, Jean-Pierre Dick, Alex Thomson, Armel Le Cléac'h… la liste est longue !
2012, c'est aussi un problème qui devient encore plus prégnant que pour les éditions précédentes : les OFNI, pour objets flottants non identifiés. Ce terme décrit aussi bien des containers, des billes de bois, des objets provenant de l'activité humaine et jetés à la mer que, plus pudiquement, des animaux marins. Aux hautes vitesses qu'atteignent les bateaux, toucher un de ces OFNI, c'est l'abandon presque assuré et aucune solution n'a encore été trouvée pour les éviter.
Côté sportif, on assiste à un pugilat en tête de course jusque sous l'Australie. Les records de vitesse en 24 heures tombent les uns après les autres et la tête de flotte semble ne pas réussir à se décanter. Tout le monde a le pied au plancher.
À ce jeu, seuls Armel Le Cléac'h et le bizut François Gabart, dont la préparation s'est faite sous la houlette de Michel Desjoyeaux, réussissent à tirer finalement leur épingle. À l'entrée du Pacifique, ils s'échappent et offrent un duel de très haute intensité jusque sur la ligne d'arrivée où 3 heures seulement les séparent alors que tous deux sont passés sous la barre symbolique des 80 jours de Jules Verne, respectivement 78 jours et 2 heures et 78 jours et 5 heures de course. Le niveau sportif, à tous les étages de la flotte, aura été impressionnant tout au long de la course. On parle de 1re, 2e, 3e division au sein desquelles la compétition ne se sera jamais relâchée.

2016
8e ÉDITION

Tous les ingrédients qui ont fait le succès des éditions précédentes sont réunis : 29 marins, dont la moitié de récidivistes, sont sur la ligne de départ, et on ne comptabilisera, à l'arrivée, "seulement" qu'un tiers d'abandons.
Plusieurs bizuts vont se révéler au fil de la course, exprimant leur bonheur d'être en mer, surmontant des avaries importantes, se prenant de plus en plus, au fil des milles parcourus, au jeu de la compétition. Seule ombre au tableau, et d'importance : aucune femme au départ. L'anomalie est remarquée par le public et les journalistes s'en font l'écho. La participation de femmes à la course, faible mais régulière, cacherait-elle un déséquilibre criant dans la voile de compétition ? Assurément. Et si le Vendée Globe ne résout pas la question, il a le mérite de la poser aux yeux de toutes et tous.
L'édition 2016 marque l'arrivée des foils, ces fameux appendices qui permettent de sortir – pour partie – la coque de l'eau et d'ainsi réduire considérablement les frottements avec l'élément liquide. C'est encore le galop d'essai pour cette nouveauté technologique, et skippeurs et architectes n'ont pas joué le coup à fond, prévoyant qu'en cas de casse leurs nouveaux bateaux sans foils maintiennent un haut niveau de performance. Ils tempèrent, temporisent, testent. En novembre 2016, au départ, les questions sur la capacité des foils et de la structure des bateaux à résister à un tour du monde sont encore légion. Mais à l'arrivée, les quatre premiers bateaux en sont dotés, les doutes sont levés. Et l'on sait que l'on n'est qu'au début de cette avancée technique majeure.
Sportivement, c'est à nouveau un duel qui portera la tête de course : Armel Le Cléac'h, encore lui, *versus* Alex Thomson, 3e de l'édition précédente. Ils ont marqué de leur empreinte l'ensemble du tour du monde. Les deux arriveront avec quatre jours d'avance sur le troisième, Jérémie Beyou, seul marin à avoir osé greffer des foils sur son bateau d'ancienne génération, pari récompensé.

2020
9e ÉDITION

L'édition est placée sous le signe du Covid et des confinements. Partira, partira pas ? La question hante l'organisation, les skippeuses et skippeurs jusqu'aux derniers jours d'avant-départ. Le village doit fermer ses portes avant le départ de la course pour cause de nouveau confinement généralisé, et au moment du départ, pas de public, pas de bain de foule, pas de haies d'honneur tout au long du chenal des Sables d'Olonne. Mais par le fait de cette situation sanitaire dramatique, le départ semble être empreint d'encore plus de solennité. Les marins s'avancent sur le ponton où les attend leur bateau, accompagnés par les seuls applaudissements des équipes adverses : une intimité qui révèle la grandeur de la tâche. Trente-trois bateaux se présentent sur la ligne de départ noyée dans le brouillard.Les grands faits de cette édition sont relatés dans ce livre : la mise hors victoire des deux grands favoris qu'étaient Alex Thomson et Jérémie Beyou. Le bateau PRB qui se rompt en deux et le sauvetage de Kevin Escoffier par Jean Le Cam, avec l'aide de Sébastien Simon, Boris Herrmann et Yannick Bestaven, sous la houlette de la direction de course. Les conditions météo qui pour une fois font mentir l'un des célèbres adages de la course au large : "les riches s'enrichissent", entendre par là que les bateaux de devant ont généralement tendance à avoir de meilleures conditions que ceux de derrière ce qui leur permet de creuser sans cesse leur avance, tout l'inverse du scénario de la course. L'importance des compensations horaires définies par le jury sur le classement final, avec le premier franchissant en troisième position la ligne ! Et enfin, l'engouement exponentiel qu'a connu la course auprès du public coincé derrière ses écrans. Un Vendée Globe qui déjoua tous les pronostics !

VAINQUEURS !

Titouan Lamazou, premier vainqueur !
Éd. 1989 : 109 j 8 h 48 min

Michel Desjoyeaux : Éd. 2000 : 93 j 3 h 57 min

Christophe Auguin : Éd. 1996 : 105 j 20 h 31 min

François Gabart : Éd. 2012 : 78 j 2 h 16 min

Armel Le Cléac'h : Éd. 2016 : 74 j 3 h 35 min

VENDÉE GLOBE 2024

Fabrice Amedeo (3e)
Romain Attanasio (3e)
Éric Bellion (2e)
Yannick Bestaven (3e)
Jérémie Beyou (5e)
Arnaud Boissières (5e)
Louis Burton (4e)
Conrad Colman (2e)
Antoine Cornic (1re)
Manuel Cousin (2e)
Clarisse Crémer (2e)
Charlie Dalin (2e)
Samantha Davies (4e)
Violette Dorange (1re)
Louis Duc (1re)
Benjamin Dutreux (2e)
Benjamin Ferré (1re)
Sam Goodchild (1re)
Pip Hare (2e)
Oliver Heer (1re)
Boris Herrmann (2e)
Isabelle Joschke (2e)
Jean Le Cam (6e)
Tanguy Le Turquais (1re)
Nicolas Lunven (1re)
Sébastien Marsset (1re)
Paul Meilhat (2e)
Justine Mettraux (1re)
Giancarlo Pedote (2e)
Yoann Richomme (1re)
Alan Roura (3e)
Thomas Ruyant (3e)
Damien Seguin (2e)
Kojiro Shiraishi (3e)
Sébastien Simon (2e)
Maxime Sorel (2e)
Guirec Soudée (1re)
Denis Van Weynbergh (1re)
Szabolcs Weöres (1re)
Jingkun Xu (1re)

(nombre de participations)

SKIPPEUSES ET SKIPPEURS 2024 – TOUR D'HORIZON

**Difficile de présenter un marin en quelques lignes.
Pourquoi s'intéresser à telle partie de son CV pour l'un, telle partie pour l'autre ? Pourquoi remonter aux vingt années de carrière ici et ne s'attarder que sur les trois dernières années là ?
Tout est question de choix et de subjectivité.**

Et puisque *« un Vendée Globe se gagne avant le départ »* – maxime de marins –, ce n'est pas à tel ou telle concurrente que nous devrions nous attacher, mais à son équipe, à son sponsor, au travail et à la relation avec l'architecte, au chantier de construction…
Une kyrielle d'informations qu'il nous est difficile de présenter ici. Mais l'analyse des courses du championnat Imoca entre deux éditions du Vendée Globe nous semble porteuse d'informations intéressantes.

- **Comment parvenir à s'aligner sur le Vendée Globe ?** À la lecture des parcours de chacune et chacun des marins ici présents, disons que pratiquer le Mini, ce bateau de 6,50 m taillé pour traverser l'Atlantique (!), semble une excellente porte d'entrée. Pratiquer le Class 40 est aussi une bonne idée. Et naviguer sur tout type de bateaux de course, à une ou trois coques, est une option idéale.

- **Comment gagner le Vendée Globe ?** La réponse la plus sûre semble être de pratiquer le Figaro. Gagner la Solitaire est une bonne option. C'est l'école de la minutie dans les réglages, dans la gestion du sommeil et des phases de course, de la compétition tout simplement. Mais rappelons cette parole de sage : *« On ne gagne pas le Vendée Globe, on tente de ne pas le perdre. »* Un sans-faute durant plus de deux mois sur les 45 000 km du parcours est impossible, on ne gagne pas un Vendée Globe. Par conséquent, l'objectif est de commettre moins d'erreurs que les autres, de ne pas perdre le Vendée Globe.

Jérémie Beyou a les honneurs d'ouvrir ce bal de présentation, il est le doyen des prétendants et prétendantes au titre. En 2005, 2011 et 2014, il gagne la Solitaire du Figaro, trois étoiles à la poitrine. En 2008, il se lance sur un bateau neuf pour son premier Vendée Globe et abandonne dans l'Atlantique Sud, à la descente, parce que le mât n'est pas loin de lui tomber sur la figure. En 2012, le revoici au départ et abandon dans l'Atlantique Sud, à la descente, parce que la quille n'est pas loin de faire le grand plongeon au fond de l'océan. En 2016, les nouveaux bateaux mis à l'eau sont dotés de foils, Jérémie a un bateau de la génération précédente et décide de lui en implanter, premier et seul à oser ce pari qui se généralisera lors des éditions suivantes. Dans l'Atlantique Sud, à la descente, le voilà avec des moyens de communication très dégradés suite à la casse de ses antennes satellites. Il doit naviguer avec peu d'infos météo, pas évident pour trouver son chemin… Et voilà qu'il termine à une exceptionnelle 3e place, derrière le duo fou qu'ont composé Armel Le Cléac'h et Alex Thomson lors de cette édition. En 2020, le revoici avec un bateau neuf, il est le grand favori de l'épreuve et dans l'Atlantique Nord, à la descente, relire ce livre.
En 2024, Jérémie se présente donc pour la 5e fois au départ de la course. Endurant, grosse expérience, abnégation, travailleur, il se présente lui-même comme un athlète avant tout. Il a un bateau neuf dont la finition et la technologie semblent les plus poussées de la flotte. Mais son bijou saura-t-il résister au champ de bosses qu'est le Vendée Globe ? Cette course autour du monde est-elle adaptée aux athlètes ? C'est tout ce qu'on lui souhaite.

Jérémie Beyou | 1976 | 2024 : 5e participation | Bateau 2022 à foils | Architecte : S. Manuard

Mode d'emploi

Marin | Date de naissance | Nombre de participations à la course | Première mise à l'eau du bateau et avec ou sans foils | Architecte du bateau

La date de première mise à l'eau d'un bateau donne une estimation de sa "génération", ce qui permet une comparaison "équitable" entre les bateaux. Mais c'est en fait une foultitude de caractéristiques qui doivent être prises en compte si l'on veut jauger précisément tel ou tel navire. Les pages suivantes donnent des informations plus fournies, mais toujours incomplètes, sur chaque bateau.

Boris Herrmann est sans nul doute le marin qui fait de plus en plus "peur" aux autres prétendants à la plus haute marche du podium. Les quatre années qui le séparent de la précédente édition n'ont été qu'une pente ascendante, sans discontinuité, course après course, de ses résultats, de sa qualité de navigation et de son appréciation à prendre des risques ou pas. Il a notamment participé, en tant que skippeur et sur son bateau, à l'Ocean Race 2023, course durant laquelle il a su faire preuve d'une maîtrise en mer et d'une gestion de son projet impressionnantes. Boris n'est pas le marin qui fait des coups d'éclat. Il est celui qui est là, tout le temps, toujours plus avancé, sans grande exclamation. Ses prises de parole sont rafraîchissantes, teintées d'une gentillesse et d'une envie d'être avec les autres plutôt que contre les autres.
Par ailleurs, Boris Herrmann est un habitué des tours du monde – ce sera sa 5e révolution planétaire et son deuxième Vendée Globe –, des trimarans, de l'équipage, du solitaire. Son CV est à l'image de ses navigations : impressionnant, toujours plus haut mais sans jamais en faire trop.
Son bateau est neuf, il l'a pensé comme passe-partout, il devrait être parfaitement adapté à une "météo atypique".

Boris Herrmann | 1981 | 2024 : 2e participation
Bateau 2022 à foils | Architecte : VPLP

Charlie Dalin s'est fait connaître sur le circuit Figaro en gagnant toutes les courses majeures de la classe et son championnat par deux fois. Toutes les courses ? Non, car une lui a résisté encore et toujours, le graal, la Solitaire du Figaro, au cours de laquelle il finit second. Il devient skippeur du circuit Imoca en 2019 et il gagne en quelques années quasi toutes les courses de la classe et son championnat. Toutes les courses ? Non, une lui a résisté, le graal, le Vendée Globe, où il finit second. De là à appeler Charlie Dalin le "Poulidor de la course au large" serait caustique, voire taquin.
Charlie a eu un bateau neuf pour son premier Vendée Globe et finit donc second mais premier sur la ligne. Charlie a un bateau neuf pour son deuxième tour du monde et il n'y a pas de raison qu'il ne finisse pas à nouveau premier sur la ligne. Si ce n'est la dizaine de prétendantes et prétendants qui sont également en mesure de. Charlie a été aux avant-postes de toutes les courses depuis le Vendée Globe 2020 et son bateau est peut-être l'un des plus polyvalents. Si l'on s'imagine pouvoir, de manière cartésienne, annoncer un favori, alors ce serait Charlie Dalin.

Charlie Dalin | 1984 | 2024 : 2e participation
Bateau 2022 à foils | Architecte : G. Verdier

Yoann Richomme est le meilleur duelliste de Charlie Dalin. On s'est habitué, lors de leurs années Figaro, à ce que sur chaque course, si l'un était premier, l'autre était second et vice versa. Si on lit la présentation que nous avons faite de Charlie, on saura sur quel type de course l'un a pris les habitudes d'être devant l'autre. Mais les habitudes, ça se change ! Yoann s'est démarqué par ses excellents résultats sportifs, mais aussi par sa faculté à parler navigation plutôt que choucroute ou tartiflette en mer. C'est donc à la fois un très bon marin et un excellent commentateur, qu'il suive une course depuis la terre ou qu'il y participe.
Son bateau neuf est jumeau de celui de Thomas Ruyant. Il se distingue toutefois par l'aménagement de son cockpit, que le marin revendique être le plus confortable de la flotte. Est-il vrai ?
Nous ausculterons qui aura les plus gros cernes à la fin de son tour du monde.

Yoann Richomme | 1983 | 2024 : 1re participation
Bateau 2022 à foils | Architectes : A. Koch et Finot-Conq

Sam Goodchild est le marin qui s'est vu remettre le bateau 2020 de Thomas Ruyant, avec équipe de développement et d'entraînement et sponsor à la clé. Il a brillé sur l'Ocean Race 2023, course autour du monde en équipage et avec escales en Imoca. Il fut l'un des meilleurs marins du circuit des trimarans Ocean Fifty et un équipier recherché sur les bateaux les plus performants. Son nom revient sans cesse depuis 10 ans, dans toutes les classes de course au large, tant en solo que comme équipier. Sam est bizut du Vendée Globe, mais il se présentera au départ avec une étiquette de potentiel vainqueur du Vendée Globe.

Sam Goodchild | 1989 | 2024 : 1re participation
Bateau 2019 à foils | Architecte : G. Verdier

Thomas Ruyant a commencé son histoire avec le Vendée Globe lors de l'édition 2016. Son projet est alors porté par un sponsoring "bizarre", mais sa performance sportive n'en est pas moins remarquée. L'histoire s'achève au large de la Nouvelle-Zélande : son bateau se disloque, la structure est coupée en deux et Thomas ramène le bateau à terre dans des conditions scabreuses et impressionnantes. En 2020, le revoici avec un projet plus cohérent et mieux ficelé, un bateau neuf à la clé. Superbe compétiteur du tour du monde avec un foil amputé dès la fin des Atlantiques, il a longtemps été deuxième, à l'attaque avec Charlie Dalin. Depuis, il est l'un des acteurs majeurs des courses Imoca et a accroché notamment la Route du Rhum à son palmarès. En plus d'être un des favoris du circuit, il a bâti une écurie de course au large de pointe. Elle héberge deux bateaux, baptisés du même nom, sous les couleurs d'un même projet, une première dans l'histoire du Vendée Globe. En plus de l'intérêt économique de la formule, on attend des retombées sportives importantes : s'entraîner à plusieurs ayant toujours été un puissant émulateur.

Thomas Ruyant | 1981 | 2024 : 3e participation | Bateau 2022 à foils | Architectes : A. Koch et Finot-Conq

Samantha Davies est la navigatrice que tout le monde espère voir en tête. Qui a suivi le Vendée Globe 2008 ne peut penser autrement (ou presque, hein, c'est notre avis, on ne vous oblige pas). Elle nous a décrit ainsi sa préparation à ce premier tour du monde : *« j'ai passé mes années d'entrainement au centre de Port-la-Forêt, aux côtés des cadors de la discipline, à* "ramasser les bouées"*. Et sur le Vendée, je me suis sentie libérée. »* Dans notre bande dessinée *Histoires du Vendée Globe*, elle aborde notamment la question de la peur et comment elle compose avec pour améliorer ses performances, au cœur du Grand Sud et des tempêtes. Elle ne lâche rien, navigue admirablement, ne baisse jamais le rythme et signe une remarquée et inattendue 4e place. Malheureusement, en 2012, son projet se concrétise sur le tard et elle démâte lors de sa descente de l'Atlantique. En 2016, elle ne réussit pas à monter de projet Vendée Globe (!) alors qu'elle boucle en tant que skippeuse l'édition 2014 de l'Ocean Race, course autour du monde, en équipage avec escales. En 2020, comme nous l'évoquons dans ce livre, elle subit un sérieux dommage structurel au large du cap de Bonne-Espérance, s'arrête, met son bateau à terre, le répare, puis reprend son chemin, hors course, mais boucle tout de même la boucle. Sa préparation à cette édition 2024 s'annonçait au mieux : un nouveau bateau, du temps de préparation, un sponsor fidèle, des moyens pour bien faire. Seulement tout ne s'aligne pas au mieux et le temps de prise en main et de finition du bateau se révèlent plus long que prévu. Mais durant l'année précédant le départ des Sables d'Olonne, le travail porte ses fruits : bateau performant, skippeuse affûtée, choix stratégiques dans le bon sens.

Sam Davies | 1974 | 2024 : 4e participation | Bateau 2022 à foils | Architecte : S. Manuard

Louis Burton est taillé pour le Vendée Globe. À chaque marin son type de course, ni trop longue ni trop courte, sa météo, ni trop molle ni trop violente, son isolement, sa solitude, etc. Louis ne brille pas forcément sur les courses Imoca précédant le Vendée Globe. Il casse relativement souvent et voit sa préparation régulièrement chamboulée en fonction. Louis, c'est un marin qu'on ne peut pas vraiment jauger en amont d'un Vendée Globe parce que, le Vendée Globe, c'est sa course.
Jouons les diseurs d'aventure : Louis Burton partira des Sables d'Olonne le 10 novembre 2024. Il sera dans les 15 jusqu'au cap de Bonne-Espérance, ni mal ni bien placé, il se chauffe.
Il intégrera les 10 peu après le cap et ne les lâchera plus, à moins d'une casse. Oui, mettons qu'il y aura une casse – rédhibitoire pour la plupart des marins de la flotte –, mais qu'il saura réparer. Il reviendra donc dans les 10 avec une moyenne bien supérieure à celle des autres, comment ? On ne sait pas, mais c'est un fait.
Et puis il se portera aux avant-postes.
On reconnaîtra d'ailleurs qu'à cette période de la course, mettons à la remontée des Atlantiques, c'est un des meilleurs marins de la flotte.
Mais qu'est-ce à dire ? Le voyons-nous gagner ?
Le voyons-nous faire le podium ?
Les cartes se brouillent, c'est ça la science divinatoire : ne pas trop se mouiller. Mais Louis Burton est taillé pour le Vendée Globe, c'est sûr, et comme il nous y a habitué, montera en puissance tout au long de la course.

Louis Burton | 1985 | 2024 : 4e participation
Bateau 2019 à foils | Architecte : S. Manuard

Yannick Bestaven, le vainqueur de l'édition 2020 ! Il bénéficie d'un bateau neuf et va tenter de réitérer l'exploit.
Sa préparation a été compliquée par une blessure. On ne l'a pas vu sur les podiums des courses préparatoires, mais on ne l'y avait pas vu non plus avant 2020. S'il arrive de nouveau à être en tête de flotte, ça ne sera pas un hasard, il connaît. Extrêmement réfléchi, il n'a pas semblé laisser beaucoup de place au relâchement durant son tour de 2020.
Yannick est un coureur de fond qui construit sur le temps long, l'ensemble du projet est cohérent : le bateau, l'équipe, le marin, le développement. Le revoici sur la ligne de départ en 2024 avec exactement le même statut qu'en 2020 : à nouveau personne ne le donnerait avec une médaille en or, mais certainement dans le top 10. Et pourtant.

Yannick Bestaven | 1972 | 2024 : 3e participation
Bateau 2022 à foils | Architecte : G. Verdier

Justine Mettraux a un CV impressionnant et méthodique en courses au large : Mini, puis Figaro et maintenant Imoca. Elle est l'une des équipières les plus recherchées et a participé aux trois dernières Ocean Race, course autour du monde avec escales. En 2014, son équipage était skippé par Sam Davies, et en 2023, alors que la course est dorénavant courue en Imoca, elle remporte l'édition !
Pour son premier Vendée Globe, elle s'aligne avec le bateau de 2020 et l'équipe de développement de Jérémie Beyou. Durant les courses préparatoires, elle s'est montrée particulièrement en confiance dans la fiabilité de son bateau, l'une des principales clés de la réussite, capable de prendre des options stratégiques différentes du reste de la flotte, n'ayant aucune crainte à taper dans les dépressions et nous ayant donné l'impression d'une fluidité et d'un moral complètement maîtrisés. Elle est attendue, et espérée, dans le top 5.

Justine Mettraux I 1986 I 2024 : 1re participation I Bateau 2018 à foils I Architecte : VPLP

Damien Seguin a longtemps été l'athlète handisport de la voile, notamment en olympisme. Il a tout raflé, loin devant. Il s'est engagé pour son premier Vendée Globe en 2020 et bien vite son handicap n'a plus été un sujet : Damien a navigué tout au long de la course dans le paquet de tête avec son bateau à dérives, 7e au classement et premier bateau à dérives droites sur la ligne d'arrivée. Magnifique course.
Son bateau 2024 est celui de Yannick Bestaven, vainqueur de l'épreuve !

Damien Seguin I 1979 I 2024 : 2e participation
Bateau 2014 à foils I Architectes : VPLP et G. Verdier

Paul Meilhat a participé au Vendée Globe 2016, au sein de l'écurie de Michel Desjoyeaux, après être passé par la "filière de détection de marins de haut niveau". Il est attendu comme la révélation de l'édition, à l'instar de, quatre ans auparavant, le vainqueur François Gabart, lui aussi issu de cette même écurie et passé par la même filière de détection. Mais patatras, au cœur du Pacifique, sa quille ne répond plus, vérin cassé, il doit abandonner alors qu'il était en 3e position.
Remonté, il enchaîne par deux victoires sur la Route du Rhum !
Mais en 2020, Paul ne peut s'aligner au départ du Vendée Globe, faute de sponsor, c'est le dur du métier de coureur au large. Le revoilà en 2024, à la tête d'un projet qui semble lui correspondre, une équipe soudée et joyeuse, des valeurs assumées, un bateau neuf mais toutefois avec un budget limité qui ne lui a peut-être pas permis une mise au point et une fiabilisation optimales. Le principal concurrent de Paul sera son propre bateau. S'il ne lui fait pas faux bond, le marin sera assurément aux avant-postes, jouera dans le top 5, mais si des casses surviennent…
Cet article est probablement l'un des plus subjectifs de l'ensemble des présentations des marins, nous l'assumons totalement, nous aimerions voir Paul Meilhat exprimer pleinement son talent de navigateur.

Paul Meilhat I 1982 I 2024 : 2e participation I Bateau 2022 à foils I Architecte : G. Verdier

Sébastien Simon, vainqueur de la Solitaire et sur les podiums de toutes les courses Figaro, est passé en Imoca pour le Vendée Globe 2020. Tout sur le papier l'annonçait comme l'un des favoris de l'épreuve. Sauf que son bateau neuf n'a jamais convaincu, la fiabilité n'a jamais été atteinte, pourquoi ? Architecture, construction, gestion de projets, lien sponsor-marin, entente dans l'équipe, période covid ? Nous n'en savons rien. Le parcours de Sébastien est marqué par différentes casses et au Vendée Globe, au large du cap de Bonne-Espérance, son foil tribord est endommagé, il abandonne la course, perd son sponsor et son bateau dans la foulée. Surprise, en septembre 2023, alors qu'il n'a jamais baissé les bras pour être au départ du tour du monde 2024, il décroche un sponsor, rachète le bateau vainqueur de l'Ocean Race et en avant. Sauf que le voilà sérieusement blessé à l'issue de la transatlantique Retour à la base et son bateau démâté (!). Pas le mieux pour se préparer, surtout en aussi peu de temps, au tour du monde. Mais le voici sur la ligne de départ du Vendée Globe 2024. Ses problèmes semblent enfin passer et les ultimes courses l'ont montré à nouveau bien sur son bateau. On s'attend à une montée en performance tout au long de la course.

Sébastien Simon I 1990 I 2024 : 2e participation
Bateau 2021 à foils I Architecte : G. Verdier

Maxime Sorel s'est illustré en Class 40 avant de rejoindre l'Imoca pour le Vendée Globe 2020.
Ce qui marque chez Maxime est l'impression de cohérence et de progression permanente de son projet. Il avance marche après marche, ou plutôt il court marche après marche mais sans en sauter, sans laisser derrière lui de "trou dans la raquette" : bateau, mise au point, fiabilisation, performance, sponsor, résultat en course, communication, préparation mentale et physique. Un escalator qui monte dru.
Dans le paquet de tête de la course, c'est sûr, mais il lui manque encore une victoire sur une course majeure pour l'imaginer plus haut.

Maxime Sorel I 1986 I 2024 : 2e participation
Bateau 2022 à foils I Architecte : G. Verdier

Nicolas Lunven, après une dense carrière en Figaro avec deux victoires de la Solitaire, est l'un des marins dont le nom revient sans cesse depuis des années au sein des projets de course au large : en tant que marin, en tant que routeur, pour la mise au point et le développement d'Imoca, pour son rôle d'équipier (co-skippeur se murmure-t-il même) et de tacticien sur les différentes éditions de l'Ocean Race, pour sa participation aux équipes Ultim, en tant que membre encadrant du Pôle Finistère de course au large… Et pourtant jusqu'ici Nicolas Lunven n'avait jamais fait de solitaire en Imoca et n'avait jamais eu son projet en vue du Vendée Globe. Pour l'édition 2024, bien sûr, son nom est revenu sans cesse, les rumeurs ont couru l'annonçant skippeur de plusieurs projets, au point qu'on a bien cru que, rebelote, ça ne serait pas encore pour cette fois qu'on le verrait sur la ligne de départ. Et puis finalement si, l'édition 2024 est la bonne !
Il a récupéré tardivement son bateau après que son sponsor s'est séparé de son skippeur précédent, et les courses auxquelles il a participé ont semblé être plus une prise en main du bateau et un travail de fiabilisation qu'une recherche de performance pure. Il se peut donc que Nicolas Lunven ne puisse partir à toute blinde des Sables d'Olonne, mais il y a fort à parier que sa courbe de progression dans les premières semaines sera exponentielle jusqu'à venir se placer, assurément, parmi les meilleures.

Nicolas Lunven I 1982 I 2024 : 1re participation I Bateau 2022 à foils I Architecte : G. Verdier

Isabelle Joschke, vous l'aurez compris en lisant notre album, on apprécie beaucoup ses propos, son regard sur ses propres performances, ses ressentis en mer. Pour cette nouvelle édition du Vendée Globe, elle a conservé son bateau mis à l'eau en 2007. On ne peut pas s'attendre à ce qu'il soit au niveau des meilleurs, mais Isabelle l'a parfaitement en main et c'est bien souvent une donnée plus importante que la performance intrinsèque de la machine. Sa préparation au Vendée Globe 2024 semble également avoir été plus sereine que pour l'édition 2020. On peut donc s'attendre à ce que la skippeuse donne la pleine expression de son talent de marin : grosse expérience, de nombreux podiums en Mini, Figaro et Class 40, des trajectoires limpides. Nous devrions nous régaler.

Isabelle Joschke I 1977 I 2024 : 2e participation
Bateau 2007 avec foils ajoutés I Architecte : VPLP et G. Verdier

Giancarlo Pedote s'est illustré en Mini et en Ocean Fifty (trimaran de 50 pieds) avant de passer à l'Imoca pour l'édition 2020 du Vendée Globe. Sans faire de bruit, il coupe la ligne d'arrivée en 7e position et est classé 8e. Joli parcours sur son bateau de 2014. Pour 2024, il conserve sa monture mais en a complètement modifié l'étrave et a installé de nouveaux foils dernière génération. C'est donc avec un bateau optimisé et fiabilisé qu'il s'aligne à nouveau, et s'il n'a pas particulièrement brillé durant les courses préparatoires, on peut lui espérer une place dans la deuxième dizaine.

Giancarlo Pedote I 1975 I 2024 : 2e participation
Bateau 2015 à foils I Architectes : VPLP et G. Verdier

Pip Hare est l'une des révélations du Vendée Globe 2020. Le format d'un tour du monde semble être son format, toujours à bloc, le moral scotché au plafond, des explosions de rires, elle termine 19e sur l'un des plus anciens bateaux de la flotte. Pour 2024, elle a récupéré le bateau de Louis Burton (3e), l'a renforcé, et n'a fait que, petit à petit, améliorer son classement lors des courses du championnat.
Tout est en place pour que son deuxième Vendée Globe ne soit que meilleur et encore plus performant que le premier. Souhaitons lui un top 10 !

Pip Hare I 1974 I 2024 : 2e participation
Bateau 2015 à foils I Architectes : VPLP et G. Verdier

Benjamin Dutreux a été l'une des révélations du Vendée Globe 2020. Sur son bateau à dérives de 2006, sa place de 9e ne rend pas véritablement honneur à sa course. Il est resté dans le groupe de tête tout au long de la circumnavigation et a laissé derrière lui, dans le Grand Sud, des bateaux beaucoup plus récents et des marins réputés plus affûtés. À l'issue de la course, il achète le bateau d'Alex Thomson de 2015, plus tout jeune mais doté de foils et ayant toujours été mis à niveau. Un sacré saut de performance ! Benjamin a beaucoup navigué avec son bateau entre les deux éditions du Vendée Globe, ce qui ne lui a pas porté forcément chance : il a beaucoup cassé, notamment structurellement. Ce qui a désorganisé son plan d'entraînement et ne lui a pas forcément permis de travailler sur la performance. Mais ce qui a permis une fiabilisation importante de la machine ! Et comme l'on sait que c'est un des points majeurs de réussite du Vendée Globe… Peut-être un mal pour un bien. On attend que Benjamin révèle son potentiel au fur et à mesure de la course. Il sera, n'en doutons pas, dans le top 10, ce qui d'édition en édition est de plus en plus difficile au vu des marins engagées et engagés, mais peut-être plus haut ?

Benjamin Dutreux I 1990 I 2024 : 2e participation
Bateau 2015 à foils I Architecte : VPLP et G. Verdier

Jean Le Cam, 6e participation au Vendée Globe, ayant toujours été dans le paquet de tête et même en position de l'emporter dans toutes les éditions auxquelles il a participé.
Doyen de la course, 65 ans, son âge ne semblant qu'avoir affûté son savoir-faire, sa capacité d'anticipation et d'adaptation. Est-il besoin d'en dire plus à propos du marin ? En revanche, surprenant, Jean sera à bord d'un bateau neuf à dérives droites ! Carène, voiles, instruments, tout bénéficie des nouvelles technologies et compréhension de ces dernières années. Et ce en particulier lorsqu'il s'agit d'un bateau de Jean qui durant toute sa carrière s'est évertué à inventer, améliorer, surprendre, tant en monocoque qu'en multicoque.
Ce choix architectural audacieux est celui d'une autre voie de développement que les foils. Certains disent que c'est une autre manière de naviguer, moins coûteuse, philosophiquement différente et prônent parfois un double classement : avec et sans foils. D'autres espèrent que cette voie se révèle au moins aussi performante, à l'échelle d'un tour du monde, que l'utilisation de foils. Ce qui est sûr est que suivre Jean Le Cam au long du Vendée Globe sera passionnant.

Jean Le Cam I 1959 I 2024 : 6e participation
Bateau 2023 à dérives droites I Architecte : D. Raison

Clarisse Crémer n'a pas eu droit à un long fleuve tranquille depuis son arrivée du Vendée Globe 2020. Loin de là !
On lui promet le rachat du bateau de Charlie Dalin, une équipe parmi les meilleures et un sponsor fiable. Parfait. Clarisse est enceinte et se retrouve dans une position éventuellement compliquée pour pouvoir prétendre à la ligne de départ du Vendée Globe 2024. Son sponsor la lâche, le départ est dans dix-huit mois !
Elle cavale, trouve un nouveau sponsor qui lui permet de racheter le bateau et Alex Thomson lui ouvre les portes de son équipe. Ce grand marin et animateur des dernières éditions du Vendée Globe sera donc encore un peu là en 2024 et on s'en réjouit. Beaucoup de temps perdu pour Clarisse Crémer mais tout va pouvoir se remettre à l'endroit pour se préparer au Vendée Globe.
Sauf que… Clarisse est accusée de tricherie pour ce qui serait une assistance depuis la terre dans ses choix de trajectoire durant le Vendée Globe 2020. Le jury de la course se réunit et la disculpe.
Le parcours de Clarisse Crémer depuis son arrivée de son premier tour du monde a donc été jonché de chausse-trapes. Il n'y a plus qu'à espérer qu'elle réussisse, sur la ligne de départ le 10 novembre 2024, à laisser à terre toute cette charge mentale pour ne se concentrer que sur son bateau, la course, et le plaisir d'être en mer, seule.

Profitons-en pour vous indiquer ici la bande dessinée *J'y vais mais j'ai peur* de Maud Bénézit, à propos du Vendée Globe 2020 de Clarisse Crémer. Excellent livre que nous vous conseillons.

Clarisse Crémer I 1989 I 2024 : 2e participation I Bateau 2019 à foils I Architecte : G. Verdier

Romain Attanasio en sera à son 3e Vendée Globe en 2024. Avec un très solide bagage de figariste, son premier tour du monde était celui de "la découverte", son deuxième celui de "la performance du marin" sur un bateau pas pire mais pas dingue. Son troisième pourrait être celui de "la performance" tout court, incluant son bateau, celui de Boris Herrmann qui a signé, avec celui-ci, une 5e place en 2020. D'une personnalité partageuse, souriante, chambreuse et souvent pas loin de "la déconne à la bouche", on écoutera ses vacations qui font prendre du recul et du bien sur cette course ! On lui souhaite un top 10.

Romain Attanasio | 1977 | 2024 : 3e participation
Bateau 2015 à foils | Architectes : VPLP et G. Verdier

Tanguy Le Turquais est le premier des navigateurs "à dérives droites" de cette présentation – exception faite de l'inusable et hors catégorie Jean Le Cam présenté plus haut. Ce n'est pas un hasard : il est le favori, à notre avis, du classement officieux de ces bateaux. Son parcours passe par le Mini puis le Figaro avant d'arriver en Imoca. Son projet est cohérent : avec un petit budget il semble avoir su faire les bons choix entre performance et fiabilisation. À chaque fois qu'il a pu naviguer libéré des contingences extérieures, il a systématiquement brillé en course. Il risque de marquer des points durant ce qui sera son premier Vendée Globe.

Tanguy Le Turquais | 1989 | 2024 : 1re participation
Bateau 2007 à dérives droites | Architecte : Finot-Conq

Conrad Colman a fini 16e du Vendée Globe 2016. En 2020, malgré sa volonté, il n'a pas réussi à être sur la ligne de départ, l'argent, toujours l'argent. Conrad a un parcours quelque peu atypique dans la course au large, n'ayant pas emprunté les voies royales, il s'est construit en courant des courses peu mises en avant, naviguant dans différentes classes et différentes mers. Le résultat est qu'il affiche un impressionnant nombre de milles parcourus, sur tous les océans du monde, dans toutes les configurations, équipage, double, solitaire. En 2024 il a réussi à nouveau à être sur la ligne de départ et c'est une très bonne nouvelle !

Conrad Colman | 1983 | 2024 : 2e participation
Bateau 2007 à dérives droites | Architectes : VPLP et G. Verdier

Alan Roura était la révélation du Vendée Globe 2016 qu'il finit à la 12e place. Il fit preuve d'un entrain, d'une capacité à accepter et à se dépatouiller des casses, d'un sens du grand large et d'un talent de régatier admirables. En 2020, il était également de la partie, finissant à une belle 17e place qu'on lui aurait cependant souhaitée meilleure. Il achète le dernier bateau d'Alex Thomson, un bateau considéré comme révolutionnaire, bourré de technologie, au cockpit intégralement fermé. Mais est-il adapté à la manière de naviguer d'Alan, son besoin d'avoir le nez dans le vent, un touché, un "feeling" ? Les premiers temps du duo marin-machine n'ont pas semblé être concluants. Alors l'équipe s'est lancée dans un gros chantier pour mettre le bateau plus en rapport avec la personnalité de son nouveau skipper. Ce travail devrait porter ses fruits sur le Vendée Globe et nous savons que le temps long en mer plaît au navigateur. Il a donc, nous l'espérons, de belles cartes en main pour performer.

Alan Roura | 1993 | 2024 : 3e participation
Bateau 2019 à foils | Architectes : VPLP et P. Hobson

Fabrice Amedeo en sera, en 2024, à son troisième Vendée Globe. Après l'arrivée du Vendée Globe 2020, il commence sa préparation à bord du même bateau qu'il modifie en profondeur, changeant ses foils pour une paire plus grande et réalisant un gros chantier à la recherche de performance. Mais durant la Route du Rhum 2022 son bateau prend feu, le skippeur abandonne le navire qui coule et est récupéré par un cargo. De retour à terre, il achète un bateau d'ancienne génération. Construit en 2007, il a participé à trois Vendée Globe dans sa configuration initiale, c'est-à-dire à dérives droites. Pour son 4e Vendée Globe, son skippeur d'alors, Arnaud Boissières, lui implante des foils, réalisant une 15e place sur la course. Fabrice se lance à nouveau dans un important chantier pour… revenir aux dérives droites !

Fabrice Amedeo | 1978 | 2024 : 3e participation
Bateau 2007 à dérives droites | Architecte : O. Clarke

Kojiro Shiraishi commence son histoire du Vendée Globe en 2016, en provenance du Japon. Mais la course au large est cruelle, il démâte et doit abandonner au cap de Bonne-Espérance. En 2020, il bénéficie d'un bateau neuf et boucle la boucle à la 16e place. C'est avec ce même bateau qu'il s'élance pour un troisième Vendée Globe en 2024.

Kojiro Shiraishi | 1967
2024 : 3e participation
Bateau 2019 à foils | Architecte : VPLP

Arnaud Boissières est Monsieur Vendée Globe, avec une capitale à "Monsieur". Ce sera sa 5e participation, toutes bouclées, aucun abandon. Personne ne peut revendiquer un tel sans-faute. Certes, il n'a jamais brillé au classement, mais 7e, 8e, 10e puis 15e, avec des flottes qui ne font que s'étoffer, c'est loin d'être anecdotique, bien au contraire ! Il écrit sa propre histoire au fil des éditions du tour du monde, a accumulé une expérience faramineuse et partage son bonheur sans cesse renouvelé d'être en mer. Il représente, pour nous, l'un des ADN du Vendée Globe.

Arnaud Boissières | 1972 | 2024 : 5e participation
Bateau 2010 avec foils ajoutés | Architectes : VPLP et G. Verdier

Éric Bellion a un bateau neuf à dérives droites. C'est le jumeau de celui de Jean Le Cam. Ils se sont associés dans la conception et la construction de leur machine, mais aussi dans la mise au point, la fiabilisation et la performance de leurs nouvelles montures. Éric n'a pas un passé de compétiteur, il a participé au Vendée Globe 2016 et a pu valider à cette occasion que ce format tourdumondiste en solitaire lui convenait parfaitement. Il est en bonne position pour créer une surprise sportive.

Éric Bellion | 1976 | 2024 : 2e participation
Bateau 2022 à dérives droites | Architecte : D. Raison

Antoine Cornic a commencé la voile de compétition en 2001 par une participation à la Mini-Transat. Puis est allé faire d'autres choses et y est revenu en 2017 en participant à la Mini-Transat. Et, comme cela lui a plu derechef, il s'est dit que le Vendée Globe serait pas mal et se met à l'Imoca en 2021. Depuis il a toujours été au fond du classement, normal vu l'âge de son bateau et ses connaissances de régatier, mais il n'a que peu abandonné et ça c'est un signe. Antoine a tout pour boucler la boucle de son premier Vendée Globe, c'est un graal.

Antoine Cornic | 1980 | 2024 : 1re participation
Bateau 2005 à dérives droites | Architecte : O. Clarke

Violette Dorange s'aligne pour son premier Vendée Globe à 23 ans. Son parcours, commencé très jeune, est éloquent : équipe de France de voile légère, traversées de la Manche et du détroit de Gibraltar en Optimist, Mini-Transat et trois participations à la Solitaire du Figaro. Son bateau est une légende : celui de Michel Desjoyeaux époque 2008, avec lequel il il a remporté son deuxième Vendée Globe ! Violette a un petit budget, a été accompagnée par Le Cam dans sa préparation et partira pour son premier tour du monde le 10 novembre 2024. Gageons qu'il ne sera pas l'unique, une skippeuse à suivre de près.

Violette Dorange I 2001 I 2024 : 1re participation
Bateau 2006 à dérives droites I Architecte : B. Farr

Louis Duc a la gueule et la gouaille de la légende du marin de tour du monde. À notre connaissance il n'a pas d'anneau à l'oreille ni ne chique, mais c'est tout comme, voilà pour le portrait côté folklore. Côté navigation, nous basculons dans un autre domaine : la compétition. Cela fait une quinzaine d'années qu'il s'aligne sur les courses les plus prestigieuses et, notamment en Class 40 dans la Transat Jacques-Vabre, les succès sont là. À terre, on le dit entrepreneur, féru d'architecture navale, spécialiste des nouvelles technologies et novateur dans tous les domaines. Souvent doté de petits budgets, il monte ses projets en n'ayant pas peur d'emprunter des chemins parallèles, le voici aligné sur le Vendée Globe. Son "style" n'est pas du folklore pour faire parler, c'est lui, et cela ne doit surtout pas cacher tous ses autres talents. Il est l'un des favoris des "dérives droites".

Louis Duc I 1983 I 2024 : 1re participation I Bateau 2006 à dérives droites I Architecte : B. Farr

Manuel Cousin est un marin assidu de la classe Imoca depuis 2017. Il a réalisé son premier tour du monde avec le Vendée Globe 2020, 23e place au compteur. Pour l'édition 2024, il a conservé le même bateau qu'il a optimisé dans tous les domaines et affiche l'un des plus grands nombres de milles parcourus en course depuis le dernier Vendée Globe. Marin discret, toujours le sourire collé au visage, d'une humeur qui semble constante, patiemment il coche les cases du parfait coureur au large qu'il est.

Manuel Cousin I 1967 I 2024 : 2e participation
Bateau 2007 à dérives droites I Architecte : B. Farr

Guirec Soudée est un marin connu pour avoir effectué un tour du monde par les pôles Nord et Sud à la voile, accompagné de son seul animal de compagnie, une poule prénommée Monique. Cette circumnavigation a duré cinq ans dont un hivernage de 130 jours dans les glaces du Groenland. En 2021, il traverse l'Atlantique à la rame d'est en ouest en 74 jours, puis repart dans l'autre sens. C'est en 2022 que Guirec passe à l'Imoca avec le Vendée Globe en ligne de mire.

Guirec Soudée I 1992 I 2024 : 1re participation
Bateau 2007 à dérives droites I Architecte : B. Farr

Denis Van Weynbergh a fait ses classes en course au large avec la Mini-Transat 2001. Puis il a enchaîné la plupart des courses en Class 40. Pour passer en 2018 en Imoca et préparer le Vendée Globe 2020… auquel, faute de budget, Denis n'a pu s'aligner. Mais au lieu de baisser les bras, il a plutôt relevé ses manches, revu son projet, s'est adapté, et le voilà sur la ligne de départ en 2024 avec à son compteur l'un des plus grands nombres de milles effectués en course depuis l'arrivée du Vendée Globe précédent.

Denis Van Weynbergh I 1967 I 2024 : 1re participation
Bateau 2013 à dérives droites I Architecte : N. Fa et A. Déry

Sébastien Marsset est un coéquipier recherché de la course au large. Après avoir bouclé une Mini-Transat, il est de l'équipage de la tentative de record du tour du monde à bord du trimaran géant *Spindrift* et a deux Ocean Race au compteur. Il n'est donc pas étonnant de le voir s'aligner au départ du Vendée Globe 2024.

Sébastien Marsset I 1984 I 2024 : 1re participation
Bateau 2006 à dérives droites I Architecte : B. Farr

Oliver Heer était le responsable du novateur bateau du fameux Alex Thomson lors de la dernière édition du Vendée Globe. C'est dire s'il ne sort pas de nulle part ! Doté d'un petit budget, il a racheté le bateau de Romain Attanasio, mis à l'eau en 2007, et a vu sa préparation fortement désorganisée après avoir été percuté par un concurrent au départ de la Route du Rhum 2022.

Oliver Heer I 1988 I 2024 : 1re participation
Bateau 2007 à dérives droites I Architecte : B. Farr

Szabolcs Weöres a beaucoup navigué en course depuis tout jeune. Mais c'est surtout en voile légère qu'il a pratiqué jusqu'à être le gréeur de l'équipe Shosholoza (Afrique du Sud) lors de l'America's Cup de 2007, le graal de la régate au contact. Navigateur expérimenté donc mais avant de se lancer dans sa préparation au Vendée Globe, novice en solitaire au large.

Szabolcs Weöres I 1973 I 2024 : 1re participation
Bateau 2007 à dérives droites I Architecte : O. Clarke

Benjamin Ferré ne connaissait pas la course au large en 2017. En 2019, il fait la Mini-Transat, premier bizut. Il se dit alors que le tour du monde, en course, en solitaire, ça serait pas mal. Il achète le bateau de Clarisse Crémer après son Vendée Globe 2020 et se prépare pour le 10 novembre 2024. Simple, non ?

Benjamin Ferré I 1990 I 2024 : 1re participation
Bateau 2010 à dérives droites I Architectes : VPLP et G. Verdier

Jingkun Xu, après une grosse expérience, en Chine, de marin plutôt tourné vers la voile olympique, participe à la Mini-Transat en 2015. C'est en 2022 qu'il rejoint le circuit Imoca, bouclant la plupart des grandes courses transatlantiques, généralement à la dernière place et quelque peu distancé par l'avant-dernier, mais qu'importe. Il est là.

Jingkun Xu I 1989 I 2024 : 1re participation
Bateau 2007 à dérives droites I Architecte : Finot-Conq

LES BATEAUX 2024 PAR L'ŒIL DE LA RÉGATE

Les bateaux du Vendée Globe font 60 pieds, environ 18 mètres et relèvent de la classe Imoca qui en régit les règles.

- **R** **Route du Rhum :** transatlantique France-Guadeloupe, en solitaire. Certainement la course la plus connue, en France, après le Vendée Globe. Elle se court tous les quatre ans.
- **T** **The Transat**, aussi connue sous le nom de **Transat anglaise :** transatlantique entre l'Europe et l'Amérique, c'est-à-dire contre les vents dominants et en solitaire. La première édition remonte à 1960, elle est considérée comme la première course au large en solitaire.
- **NY** **New York-Vendée :** transatlantique en solitaire.
- **VG** **Vendée Globe :** tour du monde, en solitaire, sans escale.
- **J** **Transat Jacques-Vabre :** transatlantique France-Brésil, en double, courue les années impaires.
- **B** **Retour à la base :** transatlantique en solitaire, retour de la Transat Jacques-Vabre.
- **O** **Ocean Race**, ex-Volvo Ocean Race, ex-Whitbread : cette course autour du monde, en équipage, avec escales, réputée pour sa dureté et sa longueur, se court depuis 2023 en Imoca.
- **Ba** **Barcelona World Race :** tour du monde à partir de Barcelone, en double, escales autorisées.

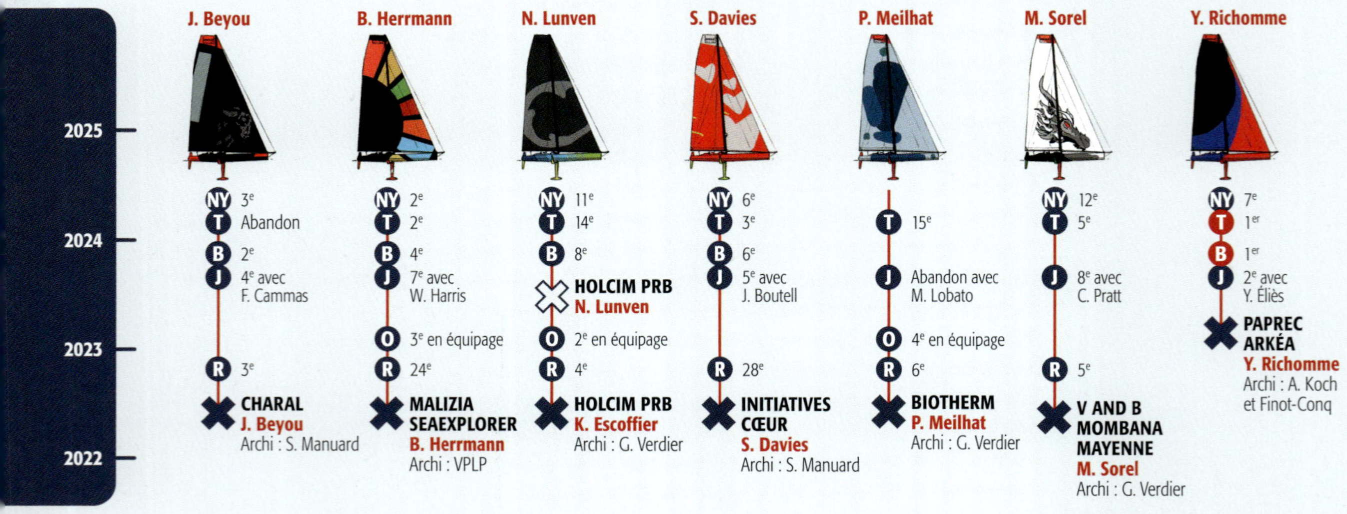

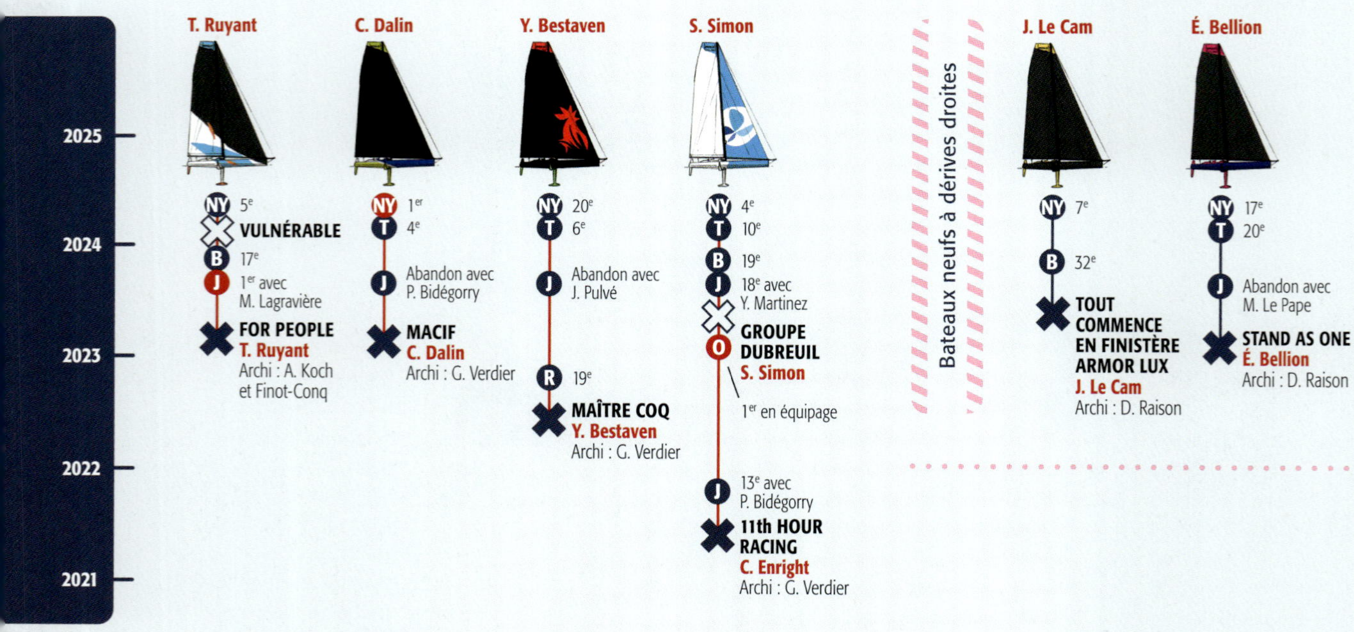

Un grand merci à **histoiredeshalfs.com** pour tout son fabuleux travail. On ne saurait que trop vous conseiller d'y passer quelques heures…
Les couleurs des bateaux présentés sur ces pages sont des "approximations artistiques". Et nous ne nous en faisons pas : sans aucun doute, des erreurs ont dû se glisser çà et là, l'inverse serait étonnant !

L. Burton
- NY 10e
- T 9e
- B 7e
- J 16e avec D. Beaudart
- R Abandon
- J Abandon avec D. Beaudart
- **BUREAU VALLÉE** L. Burton
- VG 11e
- **L'OCCITANE** A. Tripon, Archi : S. Manuard

C. Crémer
- NY 16e
- T 26e
- B 12e
- J 9e avec A. Roberts
- **L'OCCITANE** C. Crémer
- R 2e
- J 2e avec P. Meilhat
- VG 2e
- J 1er avec Y. Éliès
- **APIVIA** C. Dalin, Archi : G. Verdier

S. Goodchild
- NY Abandon
- **VULNERABLE**
- B 3e
- J 3e avec A. Koch
- **FOR THE PLANET** S. Goodchild
- R 1er
- J 1er avec M. Lagravière
- VG 6e
- **LINKEDOUT**
- J 5e avec A. Koch
- **ADVENS** T. Ruyant, Archi : G. Verdier

A. Roura
- T 13e
- B 15e
- J 19e avec S. Koster
- R 21e
- **HUBLOT** A. Roura
- VG Abandon
- J Abandon avec N. Mc Donald
- **HUGO BOSS** A. Thomson, Archi : VPLP

K. Shiraishi
- NY 15e
- T 16e
- B 18e
- J 22e avec T. Duprey du Vorsent
- R Abandon
- VG 16e
- J 7e avec S. Josse
- **DMG MORI** K. Shiraishi, Archi : VPLP

J. Mettraux
- NY 8e
- T 7e
- **TEAMWORK TEAM SNEF**
- J 6e avec J. Villion
- R 7e
- **TEAMWORK** J. Mettraux
- J 3e avec C. Pratt
- VG 13e
- J 3e avec C. Pratt
- R Abandon
- **CHARAL** J. Beyou, Archi : VPLP

B. Dutreux
- NY 13e
- J 10e avec C. Horeau
- O 5e en équipage
- R 8e
- **GUYOT ENVIRONNEMENT** B. Dutreux
- J Abandon avec J. Mettraux
- **11th HOUR RACING (Alaka'I)** S. Fisher
- J 4e avec P. Bidégorry
- **11th HOUR RACING** C. Enright
- R 3e
- VG 2e
- NY 3e
- J Abandon avec G. Altadill
- **HUGO BOSS** A. Thomson, Archi : VPLP-Verdier

R. Attanasio
- NY 14e
- B 10e
- J 17e avec L. Berrehar
- R 10e
- J 7e avec S. Marsset
- **FORTINET BEST WESTERN** R. Attanasio
- VG 5e
- **SEA EXPLORER**
- J 12e avec W. Harris
- R 5e
- J 4e avec T. Ruyant
- **MALIZIA** B. Herrmann
- VG Abandon
- NY 2e
- T Abandon
- J Abandon avec C. Caudrelier
- **GITANA** S. Josse, Archi : VPLP-Verdier

P. Hare
- NY 9e
- B 11e
- J 12e avec N. Bubb
- R 12e
- **MEDALIA** P. Hare
- VG 3e
- J 10e avec D. Beaudart
- R Abandon
- J 7e avec S. Escoffier
- **BUREAU VALLÉE** L. Burton
- VG 1re
- NY Abandon
- T 1re
- J 2re avec E. Tabarly
- **BANQUE POP** A. Le Cléac'h, Archi : VPLP-Verdier

2025 – 2024 – 2023 – 2022 – 2021 – 2020 – 2019 – 2018 – 2017 – 2016 – 2015

G. Pedote

- T 21e
- J 11e avec G. Morvan
- R 16e
- J 6e avec M. Le Pape
- VG 8e
- J 17e avec A. Marchand
- **PRYSMIAN** G. Pedote
- R 2e
- **UCAR ST-MICHEL** Y. Éliès
- J 1er avec Y. Éliès
- VG 4e
- NY 10e
- T 3e
- J Abandon avec F. Delahaye
- **ST-MICHEL VIRBAC** JP. Dick. Archi : VPLP-Verdier

D. Seguin

- T 8e
- B 5e
- J 15e avec L. Bourgues
- R Abandon
- **GROUPE APICIL** D. Seguin
- J 9e avec J.-M. Dauris
- VG 1er
- J 11e avec J.-M. Dauris
- **MAÎTRE COQ** Y. Bestaven
- J 3e avec É. Péron
- M. Lagravière sans sponsor
- VG Abandon
- NY 8e
- J Abandon avec N. Lunven
- **SAFRAN** M. Lagravière Archi : VPLP-Verdier

D. Van Weynbergh

- NY 27e
- T 24e
- B 30e
- J 32e avec G. Buekenhout
- **D'IETEREN GROUP**
- J 19e avec T. Le Turquais
- **LES LABORATOIRES DE BIARRITZ**
- **EYESEA** D. Van Weynbergh
- J 6e avec S. Davies
- VG 8e
- J Abandon avec P. Perenyl
- Ba 7e avec C. Colman
- **SPIRIT OF HUNGARY** N. Fa Archi : N. Fa et A. Déry

B. Ferré

- T Abandon
- B 13e
- J 13e avec P. Leroy
- R 15e
- **MONNOYEUR** B. Ferré
- VG 12e
- J 6e avec A. Le Cléac'h
- **BANQUE POP** C. Crémer
- R
- J 2e avec G. Gahinet
- VG Abandon
- NY 4e
- T 4e
- J Abandon avec M. Desjoyeaux
- **SMA** P. Meilhat
- R 1er
- J Abandon avec M. Desjoyeaux
- VG 1er
- J 4e avec S. Col
- **MACIF** F. Gabart Archi : VPLP-Verdier

A. Boissières

- B 16e
- J 23e avec G. Veinard
- R 17e
- **LA MIE CÂLINE** A. Boissières
- J 5e avec N. Lunven
- VG Abandon
- J 7e avec P. Meilhat
- R Abandon
- **INITIATIVES CŒUR** S. Davies
- J 6e avec S. Davies
- **INITIATIVES CŒUR** T. de Lamotte
- VG 3e
- NY 1er
- Pose de foils
- J Abandon avec P. Legros
- R 2e
- J 3e avec C. Pratt
- **MAÎTRE COQ** J. Beyou
- VG 2e
- J 3e avec C. Pratt
- **BANQUE POP** A. Le Cléac'h
- Ba Abandon avec F. Gabart
- R 6e
- **FONCIA** M. Desjoyeaux Archi : VPLP-Verdier

T. Le Turquais

- T 11e
- B 20e
- J 34e avec F. de Navacelle
- R 13e
- **LAZARE** T. Le Turquais
- J 11e avec B. Dutreux
- VG 7e
- J 14e avec Y. Richomme
- R 6e
- **GROUPE APICIL** D. Seguin
- VG 9e
- J 7e avec S. Goodchild
- **COMME UN SEUL HOMME** É. Bellion
- J Abandon avec L. Alphand
- M. Thiercelin
- R 8e
- C. Pratt
- J Abandon avec C. Pratt
- VG Abandon
- **DCNS** M. Thiercelin Archi : B. Farr

F. Amedeo

- T 23e
- B 27e
- J 28e avec A. Baden
- **NEXANS** F. Amedeo
- R 32e
- **RÊVE DE LARGE** R. Sepho
- J 16e avec R. Sepho
- VG 15e
- J 18e avec X. Macaire
- R 9e
- **LA MIE CÂLINE** A. Boissières Pose de foils
- VG Abandon
- **KILCULLEN TEAM IRELAND** E. O'Coineen
- VG 6e
- J 9e avec B. Dubois
- **GAMESA** M. Golding
- Ba Abandon avec B. Garcia
- **PRÉSIDENT** J. Le Cam
- J 3e avec J. Sanso
- VG Abandon
- J 5e avec B. Dubois
- **ECOVER** M. Golding Archi : O. Clarke

C. Colman

- NY 21e
- B 14e
- J 24e avec F. Muzzolini
- R 18e
- **IMAGINE** C. Colman
- VG 10e
- J 16e avec G. Le Brec
- **V AND B MAYENNE** M. Sorel
- VG Abandon
- J 4e avec A. Hardy
- **LE SOUFFLE DU NORD** T. Ruyant
- R 4e
- **FOR HUMBLE HEROES** A. Tripon
- VG Abandon
- J 5e avec Y. Régniau
- Ba Abandon avec S. Audigane
- R Abandon
- J 2e avec F. Gabart
- VG Abandon
- J 6e avec S. Col
- **GROUPE BEL** K. de Pavant Archi : VPLP-Verdier

M. Cousin

- NY 23e
- B 25e
- J 25e avec C. Giraud
- **COUP DE POUCE**
- R 30e
- J 18e avec A. Barrier
- VG 23e
- J 22e avec G. Morvan
- R 14e
- **GROUPE SETIN** M. Cousin
- J 11e avec M. Cousin
- VG 10e
- J Abandon avec S. Maslard
- **LA MIE CÂLINE** A. Boissières
- Ba 5e
- **WE ARE WATER** B. et W. Garcia
- Ba 4e avec P. Ribes
- **ESTRELLA DAMM**
- J 5e avec P. Ribes
- **W HOTELS** A. Pella
- VG Abandon
- Ba 1er avec D. Foxall
- **PAPREC VIRBAC** JP. Dick Archi : B. Farr

I. Joschke

- T 12e
- B 9e
- J 29e avec P. Brasseur
- R 9e
- J 12e avec F. Delahaye
- VG Abandon
- J Abandon avec M. Lagravière
- ✕ **MACSF** Pose de foils
- R Abandon
- ✕ **MONIN**
- J 8e avec P. Brasseur
- ✕ **GÉNÉRALI** I. Joschke
- VG 5e
- NY 11e
- J 3e avec C. Dalin
- ✕ **QUÉGUINER** Y. Éliès
- R 3e
- J 2e avec P. Bidégorry
- VG Abandon
- J 6e avec Y. Éliès
- R 3e
- J 1re avec C. Caudrelier
- VG 3e
- T 4e
- J 2e avec C. Caudrelier
- ✕ **SAFRAN** M. Guillemot – Archi : VPLP-Verdier

O. Heer

- NY 24e
- T 26e
- J Abandon avec N. Palmieri
- R 32e
- ✕ O. Heer
- VG 14e
- ✕ **PURE BEST WESTERN**
- J 15e avec S. Marsset
- R 13e
- ✕ **PURE FAMILLE MARY** R. Attanasio
- J 12e avec G. Pedote
- VG 11e
- NY 8e
- J 8e avec É. Péron
- ✕ **NEWREST** F. Amedeo
- Ba 3e avec G. Martin
- ✕ **GAES CENTRO AUDITIVOS** A. Corbella
- VG 5e
- ✕ **SYNERCIEL** J. Le Cam
- Ba 3e avec A. Piris
- ✕ **RENAULT**
- J 9e avec Y. Parlier
- ✕ **1876** P. Rivero
- VG Abandon
- T 1er
- J 8e avec J.-B. Levaillant
- ✕ **GITANA EIGHTY** L. Peyron – Archi : B. Farr

G. Soudée

- T 17e
- B 24e
- J 20e avec R. Jourdain
- R 25e
- ✕ **FREELANCE.COM** G. Soudée
- VG 9e
- J 19e avec T. Cardrin
- ✕ **OMIA WATER FAMILY** B. Dutreux
- VG Abandon
- NY 7e
- ✕ **SPIRIT OF YUKOH** K. Siraishi
- J Abandon avec R. Breymaier
- ✕ N. Boidevézi
- Ba 2e avec J. Muñoz
- ✕ **NEUTROGENA** G. Altadill
- VG 3e
- J 2e avec G. Altadill
- ✕ **HUGO BOSS** A. Thomson
- R 1er
- ✕ **VEOLIA** R. Jourdain
- J Abandon avec J.-F. Cuzon
- VG Abandon
- T Abandon
- ✕ **BT** S. Josse
- Ba Abandon avec J. McKee
- ✕ **ESTRELLA DAMM** G. Altadill – Archi : B. Farr

J. Xu

- NY 26e
- B 31e
- J 33e avec M. Golding
- R 28e
- ✕ **SINGCHAIN TEAM HAIKOU** J. Xu
- VG 17e
- J 21e avec S. Audigane
- ○ Pose de foils
- R 7e
- J 9e avec F. Denis
- ✕ **LA FABRIQUE** A. Roura
- VG Abandon
- J 6e avec S. Audigane
- ✕ **MACSF** B. de Broc
- Ba 6e avec S. Audigane
- ✕ **RENAULT** J. Riechers
- R Abandon
- J 6e avec A. Boissières
- VG 9e
- ✕ **VOTRE NOM AUTOUR DU MONDE** B. de Broc
- R 2e
- J Abandon avec N. Troussel
- VG 2e
- T 2e
- J 7e avec N. Troussel
- ✕ **BRIT AIR** A. Le Cléac'h – Archi : Finot-Conq

V. Dorange

- NY 18e
- T 18e
- B 23e
- J 21e avec D. Guillou
- ✕ **DEVENIR** V. Dorange
- R 23e
- ✕ **ALTAVIA** É. Bellion
- VG 4e
- ✕ **YES WE CAM**
- J 13e avec N. Troussel sous le nom de Corum
- VG 6e
- ✕ **FINISTÈRE MER VENT** J. Le Cam
- Ba 1re avec J. Le Cam
- ✕ **CHEMINÉES POUJOULAT** B. Stamm
- VG Abandon
- ✕ **MAÎTRE COQ** J. Beyou
- Ba 2e avec X. Fernandez
- ✕ **MAPFRE** I. Martinez
- J 4e avec J. Beyou
- VG 1re
- J 1re avec E. Le Borgne
- ✕ **FONCIA** M. Desjoyeaux – Archi : B. Farr

S. Weöres

- NY 25e
- B 28e
- J 26e avec I. Gracheva
- R 26e
- ✕ **NEW EUROPE** S. Weöres
- VG 25e
- ✕ **STARK**
- J 26e avec M. Ferguson
- R 11e
- ✕ A. Huusela
- Ba 6e avec A. Corbella
- ✕ **GAES CENTROS AUDITIVOS**
- J 8e avec B. Thompson
- VG 6e
- ✕ **AVIVA** D. Caffari – Archi : VPLP-Verdier

L. Duc

- T Abandon
- B 22e
- J 14e avec R. Aubrun
- R 27e
- J 14e avec M. Tabarly
- ✕ **FIVES LANTANA** L. Duc
- △ Le bateau prend feu, beaucoup le donne bon pour la casse, et pourtant.
- ✕ C. Giraud
- R Abandon
- ✕ **MAÎTRE COQ**
- J 5e avec K. de Pavant
- ✕ **BASTIDE OTIO** Y. Bestaven
- VG Abandon
- NY 6e
- J 5e avec S. Davies
- R 7e
- ✕ **INITIATIVES CŒUR** T. de Lamotte
- VG 8e
- J Abandon avec G. Veniard
- R 7e
- J 7e avec V. Riou
- ✕ **AKÉNA VÉRANDAS** A. Boissières
- VG 3e
- Ba Abandon avec S. Josse
- R Abandon
- ✕ **PRB** V. Riou – Archi : B. Farr

S. Marsset

- T Abandon
- B 21e
- J 27e avec S. Faguet
- R 11e
- ✕ **FOUSSIER** S. Marsset
- J 17e avec S. Nigon
- VG 21e
- ✕ **LA COMP. DU LIT** C. Giraud
- J 27e avec TE. Pamir
- R 10e
- ✕ **VERS UN MONDE SANS SIDA** E. Nigon
- VG 7e
- J 9e avec R. Attanasio
- R 5e
- J 5e avec G. Le Brec
- VG Abandon
- J 7e avec N. Burton
- ✕ **BUREAU VALLÉE** L. Burton
- VG Abandon
- Ba Abandon avec S. Gavinet
- R Abandon
- ✕ **DELTA DORRE** J. Beyou – Archi : B. Farr

A. Cornic

- T Abandon
- B 26e
- J 30e avec J.-C. Luro
- R 22e
- ✕ **HUMAN IMMO.**
- J 20e avec J.-C. Luro
- ✕ **EBAC** A. Cornic
- J Abandon avec M. Watson
- ✕ **O CANADA** E. Holden
- VG Abandon
- ✕ **SPIRIT OF CANADA** D. Hatfield – Archi : O. Clarke

LES TOURS DU MONDE ET LA COURSE AU LARGE EN QUATRE BANDES DESSINÉES INCONTOURNABLES

SEUL AUTOUR DU MONDE – *Fiction*
Lors d'un Vendée Globe où se chevauchent différentes péripéties des éditions de 1989 à 2008, un marin livre ses réflexions et émotions. La plus célèbre course de voile comme si vous y étiez.
LE MOT DES AUTEURS : *« Comment les éléments extérieurs, l'environnement, modifient l'humain qui y est confronté, dans sa manière de penser, d'agir, d'être. Les mers du Sud et la course sont de formidables révélateurs. »*
PARUTION : octobre 2012 | 64 pages

HISTOIRES DU VENDÉE GLOBE – *Documentaire*
Revivez du point de vue de leurs protagonistes de nombreuses séquences de courses, de la plus dramatique à la plus étonnante ou poétique, et tout ce qui fait la réalité d'un Vendée Globe.
LE MOT DES AUTEURS : *« Le Vendée Globe est un mythe depuis 1989. Pourtant depuis, les bateaux et les marins ont bien évolué. C'est à cela que nous nous sommes attelés : déconstruire le mythe d'hier pour le réinvestir des réalités d'aujourd'hui, tout aussi impressionnantes, difficiles, aventureuses. »*
PARUTION : octobre 2016 | 128 pages
NOUVELLE ÉDITION : octobre 2020 | 140 pages | avec une vingtaine de planches de bande dessinée retirées de l'édition 2016 et une quarantaine ajoutées.

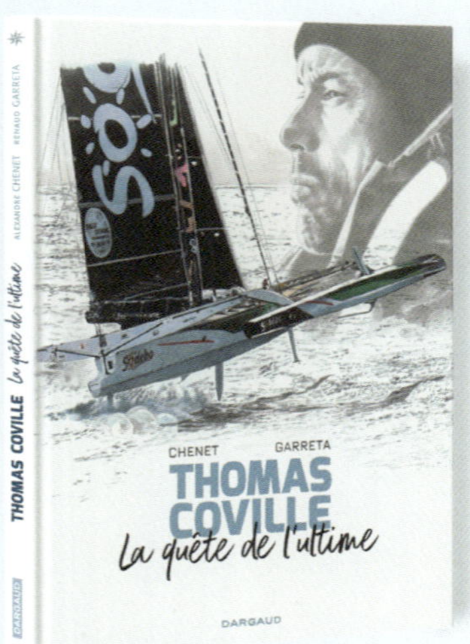

THOMAS COVILLE, LA QUÊTE DE L'ULTIME – *Documentaire*
Comment le célèbre skippeur a réalisé son rêve de battre le record du tour du monde, en solitaire en 49 jours et 3 heures, en 2016, en course, à bord de son trimaran. Record qui présida à la création de la classe des trimarans Ultim.
LE MOT DES AUTEURS : *« Décortiquer chaque élément qui mène à la création d'une nouvelle course et une nouvelle classe de bateaux était le pari de cet album, grâce auquel nous avons pu découvrir Thomas Coville, marin le plus rapide autour du monde en 2016. »*
PARUTION : octobre 2020 | 112 pages

Une partie des droits d'auteurs de ce livre est reversée
à **SOS Méditerranée** et au **MV Louise Michel**.

SOS MEDITERRANEE — LOUISE MICHEL

sosmediterranee.fr — mvlouisemichel.org

Nous aimerions également soutenir toutes les autres organisations qui sauvent, sans relâche et sans discrimination, des vies en Méditerranée et sur toutes les mers du monde : **Alarm Phone, Mediterranea saving humans, Sea-Watch, Sea-Eye, Proactiva Open Arms, Geo Barents (MSF), SOS Humanity, Iuventa, Resqship, Life Support Emergency, Trotamar III, United4Rescue, Pilotes volontaires…**

Pour rejouer le Vendée Globe 2020-2021, retrouvez la cartographie de la course :
tracking2020.vendeeglobe.org

Certifié PEFC
Ce produit est issu de forêts gérées durablement et de sources contrôlées
PEFC
10-31-1800
www.pefc-france.org

© DARGAUD 2024
PREMIÈRE ÉDITION
Tous droits de traduction, de reproduction et d'adaptation strictement réservés pour tous pays.
Dépôt légal : octobre 2024 – ISBN 978-2205-21125-2
Imprimé et relié en septembre 2024 par PPO Graphic – 10, rue de la Croix-Martre, 91120 Palaiseau, France

www.vendeeglobe.org
www.dargaud.com